Marie-Christine Jamet avec la collaboration de Virginie Collini

PRÉPARATION À L'EXAMEN DU

DELF
B2

HACHETTE
Français langue étrangère

www.hachettefle.fr

SOMMAIRE

Couverture : Amarante
Conception graphique et mise en pages : Médiamax
Édition : Vanessa Colnot

ISBN : 978-2-01-155603-5
© Hachette Livre 2008, 58, rue Jean Bleuzen, CS 70007, 92178 Vanves Cedex.

● *VOUS SOUHAITEZ OBTENIR LE DELF B2*

Ce livre vous aidera dans votre préparation car la démarche est simple et claire. Vous pourrez la suivre dans le cadre de la classe, guidé par votre professeur, ou bien en autonomie.

● *LE MODE DE PRÉPARATION*

Pour vous préparer efficacement, nous vous proposons une démarche en trois étapes :
– **Repérez vos points forts et vos points faibles**
– **Développez vos compétences**
– **Passez l'examen**

Dans chacune des trois parties, le travail est organisé selon les quatre grandes compétences, dans l'ordre selon lequel elles vous seront présentées le jour de l'examen : **compréhension de l'oral, compréhension des écrits, production écrite, production orale.**

Repérez VOS POINTS FORTS ET VOS POINTS FAIBLES

Vous commencerez par une auto-évaluation pour faire le point sur votre niveau et repérer vos points forts et vos points faibles dans chacune des compétences. Des activités semblables à celles de l'examen vous sont proposées et sont notées. À la fin de votre parcours, une fiche *Bilan* vous permet de comptabiliser les points obtenus et d'évaluer alors vos compétences langagières du niveau B2 utiles pour l'examen.

Développez VOS COMPÉTENCES

Vous vous entraînerez ensuite à la typologie des épreuves d'examen, compétence par compétence, en suivant un parcours guidé afin non seulement de perfectionner vos connaissances linguistiques, mais aussi d'acquérir la méthodologie pour accomplir au mieux les tâches demandées le jour de l'examen. Vous pourrez faire ces activités, de façon autonome, en utilisant les corrigés à la fin du livre, ou bien avec votre professeur. Vous consoliderez ainsi vos acquis, comblerez d'éventuelles lacunes apparues dans la première partie et vous progresserez efficacement pour atteindre le niveau de l'examen du DELF B2.

Passez L'EXAMEN

Vous vous mettrez dans les conditions de l'examen avec deux sujets complets, en respectant le temps alloué pour chaque épreuve, afin de vérifier votre capacité de concentration en temps limité. Vous vous reporterez aux grilles d'évaluation de la page 10.

Bien informé, bien préparé, vous réussirez !

QU'EST-CE QUE LE DELF B2 ?

● *LE DELF B2*

Sans doute avez-vous déjà réussi les niveaux A1, A2 ou B1 du DELF.

Pour ceux qui affronteraient pour la première fois les certifications de langue, précisons que le mot DELF signifie Diplôme d'Études en Langue Française. Ce diplôme comprend quatre niveaux, définis selon le Cadre Européen Commun de Référence (CECR) pour les langues : A1 et A2 sont les niveaux élémentaires, B1 et B2 sont les niveaux où l'on acquiert une certaine indépendance dans la maîtrise de la langue. Plus particulièrement, le niveau B2, niveau supérieur du DELF, se définit de la façon suivante :

> L'utilisateur B2 a acquis **un degré d'indépendance** qui lui permet d'argumenter pour défendre son opinion, développer son point de vue et négocier. À ce niveau, le candidat fait preuve d'aisance dans le discours social et devient capable de corriger lui-même ses erreurs.

Après ce niveau B2, il ne vous restera qu'à « approfondir » avec le DALF : Diplôme Approfondi de Langue Française, niveaux C1 et C2. Le niveau C2 correspond à un niveau de locuteur de langue maternelle ayant fait des études secondaires.

● *LE DÉROULEMENT DE L'EXAMEN*

D'abord vous passerez les trois épreuves collectives (un jour) dans cet ordre :

La compréhension de l'oral : vous aurez deux documents oraux généralement authentiques, le premier plus court avec quelques questions seulement mais une seule écoute, le second plus long requérant une compréhension plus fine avec deux écoutes successives. Vous pourrez toujours lire les questions avant d'écouter. Connaître les questions permet de mieux orienter l'écoute. L'ensemble de l'épreuve ne dépassera pas une demi-heure.

La compréhension des écrits : vous aurez deux documents tirés de journaux ou de sites Internet, le premier de type présentatif, le second de type argumentatif. Ces documents pourront être tirés de médias français ou des pays francophones. Vous aurez une heure pour répondre aux questions : des questions à choix multiple, des questions vrai/faux, des questions de sélection d'informations, des questions de compréhension générale, des questions d'interprétation, des questions de langue.

La production écrite : vous aurez un sujet sur une thématique de la vie quotidienne (travail, loisirs, société, etc.) exigeant de votre part une prise de position argumentée en 250 mots. La forme requise peut varier en fonction du genre textuel : lettre formelle (de protestation, de plainte, de motivation, etc.), contribution à un débat sur un forum, courrier des lecteurs, article critique, etc. Vous disposerez de 45 minutes.

Vous passerez ensuite l'épreuve individuelle de production orale le jour où vous aurez été convoqué.

La production orale : comme pour la production écrite, on vous demandera une prise de position argumentée sur un sujet à partir d'un document « déclencheur », c'est-à-dire un court extrait d'article de presse abordant une thématique que vous devrez dégager avant de donner votre propre opinion. Vous aurez le choix entre deux sujets. Vous aurez une demi-heure de préparation et 20 minutes environ pour présenter votre réflexion et débattre avec l'examinateur.

*Niveau B2 du Cadre européen commun
de référence pour les langues*

NATURE DES ÉPREUVES	DURÉE	NOTE SUR
COMPRÉHENSION DE L'ORAL (Écouter) Réponse à des questionnaires de compréhension portant sur deux documents enregistrés : – interview, bulletin d'informations... (une seule écoute) ; – exposé, conférence, discours, documentaire, émission de radio ou télévisée (deux écoutes). *Durée maximale des documents : 8 min*	30 minutes environ	..... / 25
COMPRÉHENSION DES ÉCRITS (Lire) Réponse à des questionnaires de compréhension portant sur deux documents écrits : – texte à caractère informatif concernant la France ou l'espace francophone ; – texte argumentatif.	1 heure	..... / 25
PRODUCTION ÉCRITE (Écrire) Prise de position personnelle argumentée (contribution à un débat, lettre formelle, article critique)	45 minutes	..... / 25
PRODUCTION ORALE (Parler) Présentation et défense d'un point de vue à partir d'un court document déclencheur.	20 minutes environ *Préparation : 30 minutes*	..... / 25

NOTE TOTALE : ..... / 100

- Seuil de réussite pour obtenir le diplôme : 50 / 100
- Note minimale requise par épreuve : 5 / 25
- Durée totale des épreuves collectives : 2 h 30

● *COMPÉTENCES LINGUISTIQUES*

Au niveau B2, vous pouvez vous exprimer clairement sans chercher vos mots, avec une gamme étendue de vocabulaire et utiliser des phrases complexes et adaptées aux différentes situations. Vous pouvez parler avec un débit assez régulier sans longues pauses. Vous êtes capable de corriger vos erreurs et vos lapsus lorsque vous vous en rendez compte ou quand ils ont causé un malentendu. Vous pouvez comprendre des textes complexes, appartenant également à des domaines de spécialité qui vous sont proches.

<u>Sons et orthographe.</u> Tout en conservant un petit accent, vous devez vous faire parfaitement comprendre dans une conversation ou un exposé. Vous devez avoir un débit fluide et, en particulier, savoir accentuer la dernière syllabe des groupes rythmiques, faire des pauses au bon endroit, savoir éliminer, comme un francophone, les « e » muets.

Vous devez maîtriser la graphie lexicale des mots du lexique fréquent, et l'orthographe grammaticale (règles d'accord à l'intérieur du groupe nominal et les désinences verbales à tous les modes et temps).

<u>Lexique.</u> Vous devez posséder un lexique de 8 000 mots environ (noms, adjectifs, verbes, adverbes), dans les domaines suivants : corps humain, perception et sentiments, identité et état civil, éducation, professions et monde du travail, loisirs, médias, habitat, transports et voyages, nourriture, commerces et courses, services, santé, relations familiales et sociales, langage, environnement géographique (terre, faune et flore), actualité (politique, économie), sciences et techniques.

Vous devez également connaître les mots dont l'emploi est conjoint dans des expressions toutes faites. Par exemple, on dit *prendre une douche, faire de la guitare, 5 mètres de long/longueur* mais *5 mètres de profondeur* (et pas *de profond*), etc.

Quelques imprécisions sont encore admises mais peu.

<u>Grammaire.</u> Toute la morphologie doit être connue. Au niveau B2, on verra apparaître :
– une meilleure maîtrise des constructions verbales (notamment l'emploi des prépositions) ;
– l'emploi de constructions adaptées à la situation : par exemple, nominalisation dans un texte journalistique, interrogation avec inversion dans un texte écrit soutenu, emploi des pronoms disjoints de rappel (*nous, on va*) pour une conversation familière, usage des interjections.

À l'oral, il faudra comprendre les structures disloquées (*ça, c'est à moi ; vos bagages, je m'en occupe ; c'est ça qui me plaît ;* etc.).

● *COMPÉTENCES COMMUNICATIVES EN RÉCEPTION*

À l'**oral**, vous devez être en mesure, dans des situations d'ordre pratique ou relevant de votre domaine professionnel, de :
– comprendre, en tant qu'auditeur, une conversation entre locuteurs natifs, même animée ;
– comprendre, en tant qu'auditeur, l'essentiel de conférences, d'exposés, de discours complexes ;
– comprendre des instructions complexes, toutes les annonces et messages courants ;
– comprendre la plupart des émissions de radio ou de télévision (journaux télévisés, interviews, etc.) ;
– dans tous les cas, comprendre les points de vue, les intentions, le ton.

À l'**écrit**, vous devez être en mesure de comprendre des textes longs de natures différentes et sur des sujets variés :
– comprendre des articles et des rapports sur des questions contemporaines ;
– comprendre l'expression de points de vue différents ;
– comprendre des instructions complexes, une correspondance complexe, des textes littéraires en prose (ces typologies qui font partie du B2 n'ont pas été retenues pour le DELF).

● COMPÉTENCES COMMUNICATIVES EN PRODUCTION

Vous devez savoir :

Interagir à propos d'informations

– identifier, affirmer, décrire, raconter, vous informer, confirmer ou démentir, rectifier, répondre à une demande d'information.

Interagir à propos d'opinions ou de prises de position

– exprimer votre point de vue, exprimer votre accord ou désaccord ;

– accuser/vous accuser/rejeter une accusation, vous excuser, dire que vous savez ou ignorez quelque chose, protester ;

– évoquer un souvenir ou un oubli, rappeler quelque chose à quelqu'un ;

– exprimer des degrés dans la certitude, dans la volonté, dans la capacité à faire quelque chose, exprimer l'obligation ou l'interdit.

Interagir à propos d'émotions ou de sentiments

– exprimer le plaisir, la joie, la tristesse, la déception, la peur, l'inquiétude, le soulagement, la souffrance, l'espoir, vos goûts, interroger sur les sentiments, consoler, encourager, exprimer votre sympathie ;

– exprimer la satisfaction/l'insatisfaction, une plainte, la colère, la mauvaise humeur, réagir à la colère, à la mauvaise humeur, proférer des jurons ;

– exprimer votre intérêt/désintérêt, votre gratitude ou indifférence.

Interagir à propos d'activités ou d'actions

– demander à quelqu'un de faire quelque chose/répondre à une demande similaire, proposer de faire quelque chose ensemble/d'aider, de prêter ou donner quelque chose ;

– conseiller, mettre en garde ;

– encourager, demander une autorisation, un accord/donner une autorisation, votre accord ;

– refuser, interdire, contester une interdiction, menacer, promettre, reprocher.

Interagir dans les rituels sociaux

– saluer/répondre à une salutation, attirer l'attention, prendre congé ;

– se présenter/présenter quelqu'un, répondre à une présentation ;

– accueillir, porter un toast, féliciter ;

– interagir au téléphone et par courrier.

Structurer votre propos

– introduire une histoire, une information, un thème de réflexion/conclure son propos ;

– annoncer un plan, un développement ;

– développer un thème, souligner, mettre en évidence, faire une transition, proposer un nouveau, thème/revenir sur un thème, ouvrir/fermer une digression, introduire un exemple, rapporter des propos, citer, résumer ;

– vous corriger, vous reprendre, chercher un mot, remplacer un mot inconnu ou oublié, demander de l'aide à propos d'un mot.

Structurer l'interaction verbale

– commencer une conversation ;

– demander/prendre/reprendre la parole ;

– empêcher quelqu'un de parler ;

– vous assurer d'avoir compris votre interlocuteur et qu'il vous comprenne ;

– utiliser des expressions toutes faites afin de gagner du temps.

Certaines de ces compétences apparaissent déjà dans les niveaux précédents. Mais vous devez maîtriser des expressions linguistiques plus variées. Par exemple, pour exprimer votre point de vue, vous devez savoir dire : *je pense que* ; *je crois que*, mais aussi, *à mon avis* ; *de mon point de vue* ; *en ce qui me concerne* ; *il me semble que* ; *selon moi* ; *personnellement, je considère que* ; *mon sentiment, c'est que,* etc. et les utiliser dans les bons contextes communicatifs.

D'après Beacco Jean-Claude, Bouquet Simon, Porquier Rémi, *Niveau B2 pour le français, Un référentiel,* Éd. Didier, 2004.

Compréhension

Production

Les critères d'évaluation du DELF B2

COMPRÉHENSION DE L'ORAL *25 points*
Des points sont attribués aux différentes réponses du questionnaire. Le nombre de points est indiqué à côté de chaque exercice.

COMPRÉHENSION DES ÉCRITS *25 points*
Des points sont attribués aux différentes réponses du questionnaire. Le nombre de points est indiqué à côté de chaque exercice.

PRODUCTION ÉCRITE *25 points*

COMPÉTENCES COMMUNES

▶ *Respect de la consigne*
Respecte la situation et le type de production demandée.
Respecte la consigne de longueur indiquée.

0 pt	0,5 pt	1 pt	1,5 pt	2 pts

▶ *Correction sociolinguistique*
Peut adapter sa production à la situation, au destinataire et adopter le niveau d'expression formelle convenant aux circonstances.

0 pt	0,5 pt	1 pt	1,5 pt	2 pts

▶ *Capacité à présenter des faits*
Peut évoquer avec clarté et précision des faits, des événements ou des situations.

0 pt	0,5 pt	1 pt	1,5 pt	2 pts	2,5 pts	3 pts

▶ *Capacité à argumenter une prise de position*
Peut développer une argumentation en soulignant de manière appropriée points importants et détails pertinents.

0 pt	0,5 pt	1 pt	1,5 pt	2 pts	2,5 pts	3 pts

▶ *Cohérence et cohésion*
Peut relier clairement les idées exprimées sous forme d'un texte fluide et cohérent.
Respecte les règles d'usage de la mise en page.
La ponctuation est relativement exacte mais peut subir l'influence de la langue maternelle.

0 pt	0,5 pt	1 pt	1,5 pt	2 pts	2,5 pts	3 pts	3,5 pts	4 pts

COMPÉTENCES SPÉCIFIQUES

Compétences lexicale / orthographe lexicale
▶ *Étendue du vocabulaire*
Peut utiliser une gamme assez étendue de vocabulaire en dépit de lacunes lexicales ponctuelles entraînant l'usage de paraphrases.

0 pt	0,5 pt	1 pt	1,5 pt	2 pts

▶ *Maîtrise du vocabulaire*
Peut utiliser un vocabulaire généralement approprié bien que des confusions et le choix de mots incorrects se produisent sans gêner la communication.

0 pt	0,5 pt	1 pt	1,5 pt	2 pts

▶ *Maîtrise de l'orthographe*

0 pt	0,5 pt	1 pt

Compétences grammaticale / orthographe grammaticale
▶ *Choix des formes*
À un bon contrôle grammatical. Des erreurs non systématiques peuvent encore se produire sans conduire à des malentendus.

0 pt	0,5 pt	1 pt	1,5 pt	2 pts	2,5 pts	3 pts	3,5 pts	4 pts

▶ *Degré d'élaboration des phrases*
Peut utiliser de manière appropriée des constructions variées.

0 pt	0,5 pt	1 pt	1,5 pt	2 pts

PRODUCTION ORALE *25 points*

COMPÉTENCES COMMUNES

1ʳᵉ partie – monologue suivi : défense d'un point de vue argumenté
Peut dégager le thème de réflexion et introduire le débat.

0 pt	0,5 pt	1 pt	1,5 pt

Peut présenter un point de vue en mettant en évidence des éléments significatifs et/ou des exemples pertinents.

0 pt	0,5 pt	1 pt	1,5 pt	2 pts	2,5 pts	3 pts

Peut marquer clairement les relations entre les idées.

0 pt	0,5 pt	1 pt	1,5 pt	2 pts	2,5 pts	3 pts

2ᵉ partie – exercice en interaction : débat
Peut confirmer et nuancer ses idées et ses opinions, apporter des précisions.

0 pt	0,5 pt	1 pt	1,5 pt	2 pts	2,5 pts	3 pts

Peut réagir aux arguments et déclarations d'autrui pour défendre sa position.

0 pt	0,5 pt	1 pt	1,5 pt	2 pts	2,5 pts	3 pts

COMPÉTENCES SPÉCIFIQUES

Pour l'ensemble de l'épreuve
▶ **Lexique (étendue et maîtrise)**
Possède une bonne variété de vocabulaire pour varier sa formulation et éviter des répétitions ; le vocabulaire est précis mais des lacunes et des confusions subsistent.

0 pt	0,5 pt	1 pt	1,5 pt	2 pts	2,5 pts	3 pts	3,5 pts	4 pts

▶ **Morphosyntaxe**
A un bon contrôle grammatical malgré de petites fautes syntaxiques.

0 pt	0,5 pt	1 pt	1,5 pt	2 pts	2,5 pts	3 pts	3,5 pts	4 pts	4,5 pts	5 pts

▶ **Maîtrise du système phonologique**
A acquis une prononciation et une intonation claires et naturelles.

0 pt	0,5 pt	1 pt	1,5 pt	2 pts	2,5 pts	3 pts

REPÉREZ
VOS POINTS FORTS
ET VOS POINTS FAIBLES

Voici la première étape de votre préparation. Pour chaque grande compétence (compréhension de l'oral, compréhension des écrits, production écrite, production orale), vous allez vérifier l'état de vos connaissances en vous référant aux micro-compétences indiquées dans la marge. Ainsi vous prendrez conscience des stratégies que vous devez mettre en œuvre pour réussir la tâche proposée.

Qu'est-ce qu'on vous demande ?

◖ COMPRÉHENSION DE L'ORAL

Vous vous entraînerez sur les deux types de documents proposés le jour de l'examen : des documents courts avec une écoute, des documents plus longs avec deux écoutes. Vous vérifierez votre capacité à comprendre vite l'essentiel du message, à comprendre des données précises (chiffres, lettres, infos ponctuelles), à comprendre la logique d'un raisonnement. Toutefois, pour mieux vous rendre compte de vos compétences, vous aurez droit à une écoute supplémentaire pour pouvoir évaluer si vos difficultés viennent de votre méconnaissance de la langue, ou bien des difficultés intrinsèques de l'oral (vitesse, intonation...).

◖ COMPRÉHENSION DES ÉCRITS

Vous vérifierez les compétences de compréhension sur les deux types de documents proposés au DELF B2 de type présentatif et argumentatif. Vous ferez le point sur les micro-compétences utiles à la compréhension des écrits, tout en revoyant la méthodologie de lecture d'un texte long en langue étrangère.

◖ PRODUCTION ÉCRITE

Pour le DELF B2, l'attention se focalise sur les productions écrites exprimant une prise de position personnelle et argumentée sur un sujet d'ordre général. Vous ferez le point, dans les trois premiers exercices, sur les micro-compétences que vous devez bien maîtriser pour réussir à écrire une argumentation. Puis vous mettrez toutes ces compétences ensemble pour essayer de rédiger une lettre formelle (exercice 4).

◖ PRODUCTION ORALE

Comme pour l'écrit, on vous demande à l'oral une prise de position personnelle et argumentée, mais on vous demande aussi de savoir défendre vos idées, de savoir participer à un débat. Vous vérifierez que vous savez comment commencer votre exposé, comment résumer le document déclencheur proposé, comment dégager la problématique, comment enrichir votre pensée avec arguments et exemples, comment enchaîner vos idées (exercices 1 et 2), comment confirmer, nuancer vos idées, comment réagir aux arguments de l'autre (exercice 3). Enfin, vous évaluerez votre compétence générale dans l'exercice 4.

Quelques conseils pour vous aider

● Essayez de faire cette auto-évaluation sans utiliser de dictionnaire ou de grammaire.
● Faites-la assez rapidement, et lorsque vous ne parvenez pas à faire un exercice, passez rapidement au suivant.
● À la fin de chaque compétence, vous vous reporterez aux corrigés et, sur la page bilan, vous transcrirez le nombre de vos points et remplirez le portfolio.
● À la fin, une synthèse de votre auto-évaluation vous permettra de faire le point sur l'ensemble des quatre compétences.
● En fonction de votre score, vous reviendrez sur les mêmes exercices avec un dictionnaire et une grammaire, pour compléter les lacunes ponctuelles, avant de passer à la seconde partie, plus guidée.

Je peux comprendre une langue orale standard en direct ou à la radio sur des sujets familiers et non familiers, se rencontrant normalement dans la vie personnelle, sociale, universitaire ou professionnelle, même avec un bruit de fond.
Je peux suivre l'essentiel d'un cours, d'une conférence, d'un discours, d'un rapport si la structure est claire et simple sur un sujet concret ou abstrait.
Je peux comprendre la plupart des transmissions radiophoniques si la langue utilisée est standard et saisir l'humeur, le ton, etc. des gens qui s'expriment.
Je peux suivre une discussion d'une certaine longueur et une argumentation complexe.

Comprendre l'essentiel d'un document court

... / 10

Pour les deux types de documents courts proposés, lisez les questions, écoutez une fois et répondez aux questions. Puis réécoutez une deuxième fois (ce qui ne sera pas possible le jour de l'examen pour ce type de document court), et modifiez éventuellement vos réponses. Enfin, contrôlez vos réponses avec les corrigés de la p. 146.

1 Vous évaluerez votre capacité à comprendre un bulletin d'informations radiophonique. Il s'agit de France Info Sud Lorraine ; on y parle des villes de Toul et Nancy.

1. Le TGV s'arrête-t-il à Toul ? *0,5 point*

a. ❑ Oui.

b. ❑ Non.

c. ❑ On ne sait pas.

2. Que cherche à obtenir la ville de Toul auprès de la SNCF ? *0,5 point*

a. ❑ Qu'il y ait une liaison à partir de Toul vers une autre ville de la région.

b. ❑ Que l'on détourne la ligne de TGV vers une autre ville.

c. ❑ Que le TGV s'arrête à Toul.

3. Est-il facile d'embaucher du personnel ? *1 point*

a. ❑ Oui.   b. ❑ Non.

Justification : ....

4. Combien y aurait-il de postes à pourvoir dans les petites et moyennes entreprises ? *0,5 point*

a. ❑ 650.   b. ❑ 550.   c. ❑ 750.

5. Vrai ou faux ? *1 point*

1. Le tournoi se déroule dans le stade de Contrexéville.

a. ❑ Vrai.

b. ❑ Faux.

c. ❑ On ne sait pas.

2. C'est un tournoi pour les femmes.

a. ❑ Vrai.

b. ❑ Faux.

c. ❑ On ne sait pas.

Compétence travaillée

Je peux comprendre l'essentiel du message.

Compétence travaillée

Je peux comprendre des données précises (chiffres, sigles, infos ponctuelles).

Compétence travaillée

Je peux comprendre l'essentiel du message.

6. Quel est le montant du prix ? .... *0,5 point*

7. Quelle musicienne occupera le spectacle de Nancy ? *0,5 point*

a. ❏ Une pianiste.

b. ❏ Une violoniste.

c. ❏ Une harpiste.

8. Où et à quelle heure a lieu le spectacle ? *0,5 point*

a. ❏ À 16 heures dans la salle de l'Opéra.

b. ❏ À 21 heures à l'auditorium du conservatoire.

c. ❏ À 21 heures dans le Passage de Nancy.

2 Vous évaluerez votre compréhension d'une interview (discours spontané). Il s'agit d'un récit où Andrée, qui est comptable, parle de son travail.

1. Andrée *0,5 point*

a. ❏ a été au chômage.

b. ❏ est encore au chômage.

c. ❏ va être au chômage.

2. Andrée a créé sa propre société d'expert comptable. *0,5 point*

a. ❏ Vrai.

b. ❏ Faux.

c. ❏ On ne sait pas.

3. Pourquoi se lance-t-elle dans l'informatique ? Cochez les raisons invoquées *(plusieurs réponses).* *1 point*

a. ❏ Ses connaissances en la matière.

b. ❏ C'est un créneau en plein développement.

c. ❏ C'est très rentable, bien payé.

d. ❏ Le manque des services de petits dépannages auprès d'utilisateurs en difficulté.

4. Andrée *1 point*

a. ❏ a été envoyée en mission à l'étranger.

b. ❏ a été définitivement embauchée comme comptable.

c. ❏ a eu une mission (à durée déterminée) de comptable dans une petite entreprise.

5. Qui a été son premier client ? *1 point*

a. ❏ Ses amies.

b. ❏ Son employeur.

c. ❏ Des associations.

6. Andrée a-t-elle comme perspective d'avoir un salarié qui travaille pour elle ? *1 point*

Après 1 écoute,
vous avez obtenu : ... / 5 points
Après 2 écoutes,
vous avez obtenu : ... /5 points

a. ❏ Oui.

b. ❏ Non.

c. ❏ On ne sait pas.

Suivre un document long

... / 40

Pour les deux documents proposés, écoutez une première fois, répondez aux questions qui suivent l'ordre du document. Écoutez une deuxième fois, complétez vos réponses. Écoutez une troisième fois (ce qui ne sera pas possible le jour de l'examen) et modifiez éventuellement vos réponses. Puis contrôlez avec les corrigés de la p. 146.

3 Vous évaluerez votre capacité à suivre un exposé formel sur un thème culturel. Farouk Mardam Bey, éditeur chez Actes Sud pour la collection de littérature arabe, est intervenu sur les traductions en français de la littérature arabe lors d'une conférence tenue à l'Alliance française de Venise, le 13 mars 2008. Il s'agit d'un enregistrement direct (avec un peu de bruit de fond).

1. Le conférencier dans cet extrait soutient l'idée que : *1 point*

a. ❏ la littérature arabe moderne a beaucoup de succès en Europe.

b. ❏ la littérature arabe moderne n'a pas suscité de mode comme la littérature d'autrefois.

c. ❏ la littérature arabe moderne n'a pas de succès, même en Orient.

Compétence travaillée

Je peux comprendre l'essentiel du message.

2. La traduction des *Mille et Une Nuits* a eu sur la culture européenne une influence : *1 point*

a. ❏ minime.

b. ❏ néfaste.

c. ❏ très grande.

3. Quel exemple donne le conférencier pour expliquer la mode orientaliste ? *2 points*

....

Compétence travaillée

Je peux comprendre des données précises (chiffres, sigles, infos ponctuelles).

4. La peinture et la musique en Europe ont été marquées par cette mode ? *1 point*

a. ❏ Vrai.

b. ❏ Faux.

c. ❏ On ne sait pas.

5. À quelle époque est née cette tradition orientaliste ? *2 points*

a. ❏ Au xvie siècle.   c. ❏ Au xviiie siècle.

b. ❏ Au xviie siècle.   d. ❏ Au xixe siècle.

Compétence travaillée

Je peux comprendre la logique d'un raisonnement.

6. Quel est le problème soulevé par le conférencier ? *2 points*

....

7. Les traductions se faisaient : *1 point*

a. ❏ pour le plaisir du texte.

b. ❏ par intérêt philologique sur l'origine des textes.

c. ❏ par intérêt culturel sur les mœurs d'autrefois.

8. Comment étaient les traductions de l'époque ? *2 points*

....

9. Quelles raisons sont invoquées par le conférencier pour expliquer l'apparition d'une littérature arabe moderne ? *(plusieurs réponses)* *4 points*

a. ❏ Contre le classicisme.

b. ❏ Pour s'adapter à la libéralisation des mœurs de l'époque.

c. ❏ À cause de la crise de l'Empire ottoman.

d. ❏ À cause des réformes ottomanes.

e. ❏ Pour essayer de rattraper le fossé avec l'Occident technologique.

f. ❏ Pour réfléchir sur la stagnation du monde arabe face à l'Occident.

g. ❏ À cause de l'essor du capitalisme dans ces pays.

10. La première traduction en français d'un roman moderne date de : *1 point*

a. ❏ 1872.   b. ❏ 1902.   c. ❏ 1912.

11. Quel type de roman a écrit Georges Zidane ? *2 points*

....

12. Quel style a-t-il adopté ? *1 point*

....

Compétence travaillée

Je peux comprendre des données précises (chiffres, sigles, infos ponctuelles).

Après 1 écoute, vous avez obtenu :
... / 20 points
Après 2 écoutes, vous avez obtenu :
... / 20 points

4 Vous évaluerez votre capacité à suivre une table-ronde à la radio. Il s'agit de l'émission de France Inter, *Ça se bouffe pas, ça se mange* de Jean-Pierre Coffe sur le thème du commerce de proximité. Voici le début de l'émission.

1. Qu'entend le journaliste par l'expression « défenseurs du bien manger » ? *1 point*

a. ❏ Ceux qui s'opposent au fait de bien manger.

b. ❏ Ceux qui affirment qu'il faut manger sans se priver.

c. ❏ Ceux qui conseillent de manger sainement et des produits de qualité.

Compétence travaillée

Je peux comprendre l'essentiel du message.

2. De quel type de commerce parle-t-on ? *1 point*

a. ❏ Du commerce par Internet.

b. ❏ Du commerce en centre-ville.

c. ❏ Du commerce en grandes surfaces.

3. Sur ce problème, le ministère de la Ville a : *1 point*

a. ❏ commandé un rapport.

b. ❏ institué une commission d'études.

c. ❏ publié un livre.

4. Pour quelle raison certains petits commerçants n'ont-ils pas pu participer à cette table-ronde ? *2 points*

....

5. Quel jour de la semaine a eu lieu l'émission ? *1 point*

....

6. Quel est le rôle de la Commission des comptes du commerce ? *1 point*

....

7. Quand l'intervenant Robert Rochefort y a-t-il participé pour la dernière fois ? *2 points*

....

8. De quelle année datent les chiffres examinés par la Commission ? *1 point*

....

9. Quel constat a établi le dernier rapport de la Commission ? *2 points*

....

10. Quelle est la fonction du deuxième intervenant qui justifie sa présence sur le thème du petit commerce ? Qu'a-t-il fait ? *2 points*

....

11. La veille, M. Didierres a été élu : *1 point*

a. ❑ député de la Haute-Vienne.
b. ❑ maire d'une commune de la Haute-Vienne.
c. ❑ directeur d'une grosse foire.

12. Pourquoi n'est-il pas présent ? *1 point*

a. ❑ Parce qu'il n'y avait pas de train direct.
b. ❑ Parce que la neige menaçait et qu'il ne pouvait quitter sa charge.
c. ❑ Parce qu'il y avait une grève de trains.

13. Qui sont les deux autres intervenants ? *2 points*

a. ❑ Un marchand de légumes.
b. ❑ Un marchand de fromages.
c. ❑ Un marchand ambulant.
d. ❑ Le président de l'association des fromagers.
e. ❑ Un commerçant des Bouches du Rhône.
f. ❑ Le Président de la Fédération des associations de commerçants.

14. Quel but poursuit le dernier intervenant ? *2 points*

....

Comptez vos points

Corrigez les exercices 1 à 4 à l'aide des corrigés, p. 146. Commencez par compter vos points pour chaque exercice, puis calculez votre total de points.

Exercices nᵒˢ	1 et 2	3	4	Total des bonnes réponses
− après 1 ou 2 écoutes	... / 10	... / 20	... / 20	... / 50
− après l'écoute supplémentaire	... / 10	... / 20	... / 20	... / 50

Si vous avez obtenu au moins 38 points (sur 50) à la première écoute, vous êtes au niveau B2 en compréhension de l'oral. Si vous avez entre 25 et 37 points, vous devez encore travailler votre écoute.
Si vous avez moins de 25 points, vous devez beaucoup progresser.
Si vous avez mieux réussi avec l'écoute supplémentaire, cela signifie que vous connaissez la langue mais que vous avez besoin d'entraînement !

Remplissez le portfolio

Remplissez seul(e) le portfolio ou faites-le remplir par votre professeur. Utilisez les signes suivants :
− dans les colonnes BILAN : X = Je peux faire cela. / XX = Je peux faire cela bien et facilement.
− dans les colonnes OBJECTIFS : ! = Ceci est un objectif assez important pour moi. / !! = Ceci est un objectif très important (prioritaire) pour moi.

MES COMPÉTENCES EN COMPRÉHENSION DE L'ORAL	BILAN Ce que je sais faire maintenant		OBJECTIFS Ce qu'il me reste à apprendre	
	À mon avis	Selon mon professeur	À mon avis	Selon mon professeur
Je peux comprendre l'essentiel du message. → Voir les résultats de l'exercice 1, questions 1, 2, 3, 5. → Voir les résultats de l'exercice 2, questions 1, 2, 3. → Voir les résultats de l'exercice 3, questions 1, 2, 3. → Voir les résultats de l'exercice 4, questions 1, 2, 3, 10.				
Je peux comprendre des données précises (chiffres, sigles, infos ponctuelles). → Voir les résultats de l'exercice 1, questions 1, 6, 7, 8. → Voir les résultats de l'exercice 2, questions 4, 5, 6. → Voir les résultats de l'exercice 3, questions 4, 5, 10, 11, 12. → Voir les résultats de l'exercice 4, questions 4, 5, 6, 7, 8, 11, 12, 13, 24.				
Je peux comprendre la logique d'un raisonnement. → Voir les résultats de l'exercice 3, questions 6, 7, 8, 9. → Voir les résultats de l'exercice 4, question 9.				

Pour atteindre vos objectifs et développer vos compétences, reportez-vous aux pages 52 à 65. Si votre niveau est vraiment faible, en plus des activités proposées, il vous faudra « écouter » en français le plus possible et en particulier la radio ou la télévision. Vous trouverez des indications p. 52. Entraînez-vous !

Je peux lire et comprendre des articles et des comptes rendus sur des thèmes d'actualité ou des thèmes culturels concernant la France ou l'espace francophone dans lesquels les auteurs rapportent de manière objective les informations (texte présentatif) ou bien prennent des positions particulières et défendent des attitudes particulières (texte argumentatif).

Comprendre un texte présentatif

... / 25

1 Lisez l'article.

À PARIS, DES ARBRES CLANDESTINS
AU SECOURS DES FORÊTS TROPICALES

La nuit dernière, des militants des Amis de la Terre ont planté des arbres en toute illégalité dans quatre lieux symboliques de Paris pour manifester contre les importations illégales de bois exotique.

1 La nuit est douce et humide. Devant la camionnette de location, garée près de la station de métro Quai de la Gare, dans le 13e arrondissement à Paris, le petit commando – deux garçons, deux filles – attend. Un peu nerveux. Le coup de fil d'un copain, parti faire le guet (« personne en vue »), déclenche l'action. De la voiture, ils extraient l'affiche, l'arbre, la terre, et très vite, se dirigent vers la Grande Bibliothèque.

5 Sur l'esplanade enserrée entre les quatre gigantesques livres ouverts[1], ils déposent à toute allure le tilleul, – un peu étique avec ses quelque huit feuilles mais c'est l'hiver – recouvrent sa base de terre, le protègent d'un cadre en bois dans lequel est glissée une affiche sur laquelle on peut lire : « Qu'est-ce qui est illégal ? Planter des arbres ou piller des forêts ? » Signé : Les Amis de la Terre. Quelques secondes pour immortaliser l'action et ils dégagent.

10 Car la plantation est, au regard de la loi, risquée et répréhensible : toute dégradation de bien public est passible (Article 322 du Code Pénal) de trois ans de prison et de 45 000 euros d'amende.

Mais pour l'heure, le plus dangereux, c'est la descente de l'escalier en bois exotique de la Bibliothèque qui, mouillé, devient une vaste patinoire. « Ce bois, c'est de l'Ipé d'Amazonie, imputrescible et imperméable », précise Sylvain Angerand, bonnet enfoncé sur la tête. Une fois en sécurité dans la

15 voiture, le chargé de campagne forêts des Amis de la Terre France rappelle que la BNF, voulue par le président Mitterrand, conçue par l'architecte Dominique Perrault, a demandé 60 000 m^2 de bois exotique. « Il y a aussi du doussier, un bois africain pour les pare-soleils[2]. »

La BNF était donc une cible emblématique. « Planter ces arbres sans autorisation est une action symbolique, explique Sylvain Angerand, nous voulons montrer que ceux qui plantent des arbres risquent

20 plus que ceux qui sont complices de leur abattage illégal ! » [...]

Direction tour Eiffel. Même scénario, avec en plus des pelles pour creuser et planter le tilleul. Photos de groupe avec arbre, et hop, c'est reparti pour le square du Vert Galant à la pointe de l'île de la Cité, puis la Butte Montmartre. Quatre petits arbres qui vont porter le message des activistes français.

Leurs homologues belges ont fait de même à Bruxelles il y a quinze jours et les AT Grande-Bretagne

25 s'apprêtent à les imiter à Londres. Avant Rome et Madrid. Car l'opération de plantation illégale est pilotée par les Amis de la Terre Europe. Objectif, explique Sylvain Angerand : « Mettre la pression sur la Commission européenne. Début 2008, elle doit exposer son plan de lutte contre le commerce de bois illégal. Nous voulons que soit créée une loi forte pour enrayer ce commerce, une loi qui contraigne les entreprises à s'assurer que tous les bois importés en Europe ont été exploités légalement ».

30 Au rythme où disparaissent les forêts tropicales dans le monde, en Indonésie, en Amazonie, dans le bassin du Congo, sans oublier les forêts boréales en Russie, accélérant ainsi le réchauffement climatique, l'enjeu est de taille : « 13 millions d'hectares sont détruits chaque année, soit un terrain de foot toutes les deux secondes. » [...]

Comme Greenpeace et le WWF, les AT militent pour une traçabilité du bois exotique, d'un bout à l'autre

35 de la chaîne. Avec le Royaume-Uni, la France se situe parmi les premiers importateurs de bois tropical en Europe, en particulier de bois africain. Et Paris (tous gouvernements confondus) n'a jamais manifesté un grand dynamisme dans cette lutte contre la déforestation planétaire. [...]

Éliane Patriarca, *Libération*, 07/12/2007.

---

1. La Bibliothèque Nationale de France (BNF) comprend quatre bâtiments disposés aux angles d'un carré, chacun ayant la forme d'un livre ouvert.
2. Les tours étant en verre, des pare-soleils en bois ont été placés à l'intérieur devant les vitres.

1. Répondez aux questions. *2 points*

1. De qui parle l'article ? Par quels sigles sont-ils désignés ?

....

2. Qu'ont-ils fait ? ....

3. Quand ? *(précisez la date exacte)* ....

4. Où ? *(cherchez les 4 lieux)* ....

....

2. Cochez la bonne réponse et trouvez dans le texte une phrase de justification.

1. Que veulent les jeunes gens ? *2 points*

a. ❑ Une loi qui empêche complètement l'importation de bois exotique.

b. ❑ Que les exportations de bois exotique soient contrôlées.

c. ❑ Qu'il existe des peines de prison et des amendes pour les trafiquants.

Justification : ....

....

2. Pour quelle raison agissent les jeunes gens ? *2 points*

a. ❑ Pour des raisons politiques : au lieu d'exploiter les bois exotiques,
il vaut mieux exploiter les bois européens.

b. ❑ Pour des raisons économiques : l'exploitation des bois exotiques coûte
trop cher.

c. ❑ Pour des raisons écologiques : la disparition des forêts joue un rôle
dans les changements climatiques.

Justification : ....

....

3. Répondez aux questions. *2 points*

1. La journaliste expose le fait divers sans prendre parti.

a. ❑ Vrai.   b. ❑ Faux.   c. ❑ On ne sait pas.

2. La journaliste :

a. ❑ expose les motivations du groupe sans prendre parti personnellement.

b. ❑ met en discussion les arguments du groupe.

c. ❑ partage tous les choix faits par le groupe.

4. Expliquez ou paraphrasez les expressions données ou le mot souligné.

4 points

1. camionnette de location (l. 1)

....

2. faire le guet (l. 3)

....

3. un tilleul <u>étique</u> (l. 6)

....

4. pour l'heure (l. 12)

....

5. imputrescible (l. 13)

....

6. les <u>homologues</u> belges (l. 24)

....

7. mettre la pression (l. 26)

....

8. <u>enrayer</u> ce commerce (l. 28)

....

5. Cochez VRAI ou FAUX et justifiez votre réponse en citant un passage du texte.   *3 points*

	VRAI	FAUX
1. Quatre jeunes gens ont conduit toute l'opération. Justification :		
2. Les jeunes gens ont pris des photos de leur action. Justification :		
3. L'escalier de bois est anti-dérapant (on ne glisse pas). Justification :		

6. Trouvez l'expression équivalente et cochez la bonne réponse.   *4 points*

1. *Ils dégagent.* (l. 9)
a. ❑ Ils enlèvent leur véhicule.
b. ❑ Ils partent.
c. ❑ Ils s'engagent dans une autre action.

2. *le chargé de campagne forêts* (l. 15)
a. ❑ le responsable des zones de campagnes et de forêts
b. ❑ le responsable chargé du dossier concernant les forêts
c. ❑ le copain qui a fait le guet pour permettre la plantation

3. *L'enjeu est de taille.* (l. 32)
a. ❑ Ce que l'on risque est important.
b. ❑ Le jeu politique est important.
c. ❑ Ce que l'on perd est important.

4. *la traçabilité d'un bout à l'autre de la chaîne* (l. 34)

a. ❑ le fait d'établir de bons réseaux commerciaux sur la planète

b. ❑ le fait de punir partout dans le monde le commerce illégal de bois

c. ❑ le fait de connaître le parcours du bois avant son arrivée dans le pays acheteur

7. Cochez la bonne réponse.   *3 points*

1. Les Amis de la Terre France ont agi :

a. ❑ après les Anglais.

b. ❑ après les Belges.

c. ❑ après les Espagnols.

2. La France importe principalement du bois :

a. ❑ d'Indonésie.

b. ❑ d'Amazonie.

c. ❑ d'Afrique.

3. « Les complices de l'abattage illégal » sont :

a. ❑ la police.

b. ❑ les juristes.

c. ❑ les politiques.

Compétence travaillée

Je sais reformuler des idées, synthétiser de façon simple, expliciter les implicites.

8. Expliquez.   *3 points*

1. Pourquoi la grande bibliothèque est-elle une « cible emblématique » ?

....

....

....

2. La journaliste a probablement assisté personnellement à l'action. Comment le savons-nous ?

....

....

....

3. Que suggère la journaliste quand elle dit : « Paris (tous gouvernements confondus) n'a jamais manifesté un grand dynamisme » ?

....

....

....

Comprendre un texte argumentatif

... / 25

2 Lisez l'article.

LE SUPÉRIEUR MALADE DE L'ÉCOLE
par Alain Bentolila[1]

1 Oui, nos universités sont pour la plupart dans un état pitoyable. Oui, le recrutement des enseignants néglige les capacités d'innovation, les qualités pédagogiques et la notoriété internationale. Oui, les filières proposées sont à des années-lumière des besoins économiques et sociaux. Oui, nos
5 universités ronronnent et se sclérosent dans une triste collusion entre une offre médiocre et des ambitions limitées.

Il paraît donc important et urgent de tenter, à travers l'octroi d'une véritable autonomie, de les inciter à choisir avec plus de pertinence leurs orientations et à recruter avec plus de lucidité et d'objectivité leurs enseignants. Mais que
10 vaudra cette responsabilité accrue si certains des étudiants qui entrent dans l'enseignement supérieur restent de médiocres lecteurs, de piètres scripteurs et se révèlent d'une navrante maladresse lorsqu'ils auront à expliquer et argumenter ? Or, aujourd'hui, mes étudiants de licence de linguistique sont pour un tiers environ incapables de mettre en mots oraux ou écrits leur pensée
15 au plus juste de leurs intentions.

Une université plus autonome sera plus exigeante et il faut qu'il en soit ainsi ! Mais si ce principe d'exigence n'est pas appliqué dès l'école maternelle, si la complaisance et l'aveuglement sont de règle jusqu'au baccalauréat, l'autonomie accrue des universités engendrera nécessairement une sélection féroce et
20 d'autant plus cruelle qu'elle aura été inconsidérément différée.

C'est en effet à l'école maternelle de veiller à une réelle maîtrise du langage (et notamment du vocabulaire) ; c'est à l'école élémentaire de livrer au collège des élèves lisant et écrivant avec pertinence ; c'est au lycée de former des jeunes étudiants capables de mettre en mots leur pensée avec précision – et pourquoi
25 pas élégance.

EXCELLENCE ET JUSTICE SOCIALE

C'est sur ces engagements affichés dans leur solidarité que pourra s'appuyer la refondation nécessaire d'une université française visant l'excellence, l'efficacité et la justice sociale. Dans le cas contraire, nous aurons à côté de quelques pôles
30 d'excellence des universités poubelles (comme nous avons des écoles poubelles et des collèges poubelles), dans lesquelles seront maintenus artificiellement en vie universitaire des étudiants sans aucun avenir culturel ni professionnel.

Peut-on tolérer qu'un système éducatif ne fasse le constat – alors sans appel – des insuffisances fondamentales qu'au seuil de la quatrième année d'université ?
35 Peut-on tolérer que cette complaisance, ce mensonge institutionnel transforment toute orientation en voie honteuse de relégation, rendant ainsi méprisables les filières techniques et professionnelles où échouent ceux dont l'insécurité linguistique, jamais identifiée, confine à l'illettrisme.   .../...

... / ...

Il y a sans doute urgence à réformer en profondeur nos universités. Mais nous
40 risquons de commettre une fois de plus la même erreur : imaginer que l'on
peut transformer une seule des composantes du système – la plus haute – sans
se préoccuper des autres qui la soutiennent et l'alimentent, c'est ignorer que
nos étudiants ont été enfants de maternelle, élèves du primaire et du secondaire
et que la qualité de la formation intellectuelle et linguistique qu'ils y ont
45 acquise conditionnera la hauteur des ambitions de l'université qui les
accueillera.

En bref, nous sommes placés devant un choix simple : ou bien nous nous
battons pour qu'école, collège et lycée construisent un socle ambitieux et
dûment vérifié de savoirs et de savoir-faire indispensables à la poursuite
50 d'études supérieures, ou bien nous interdisons à un tiers de nos bacheliers
l'entrée dans une université qu'une autonomie bien utilisée aura rendue digne
du nom qu'elle porte.

Alain Bentolila, *Le Monde*, 26/06/07.

_____

1. Alain Bentolila est professeur de linguistique à l'Université Paris V Sorbonne.

---

1. Répondez aux questions.   *4 points*

1. Qui parle et en quelle qualité ? . . . .

2. À quel public s'adresse-t-il ? Pourquoi dit-il « nos universités » ?

. . . .

3. Quel est le thème central de l'article ?

a. ❑ les problèmes éducatifs en général

b. ❑ le système de l'éducation primaire et secondaire

c. ❑ les rapports entre l'école et l'enseignement supérieur

4. Pourquoi cet article ?

a. ❑ Parce que l'auteur a constaté le bas niveau des étudiants dans
leur langue.

b. ❑ Parce que l'auteur a constaté que dans toutes les matières les étudiants
sont plus mauvais qu'avant.

c. ❑ Parce que l'auteur a constaté une formation non homogène.

2. Cochez VRAI ou FAUX et justifiez votre réponse en citant un passage
du texte.   *3 points*

	VRAI	FAUX
1. L'auteur pense que l'exigence de qualité est fondamentale pour l'université. Justification : ………………………………………		
2. L'auteur pense que tous les étudiants entrent à l'université avec une bonne formation dans leur langue maternelle. Justification : ………………………………………		
3. Il est fondamental de commencer par réformer l'université. Après on s'occupera des autres niveaux de l'enseignement. Justification : ………………………………………		

3. Expliquez les mots ou expressions soulignés.   *3 points*

1. nos universités ronronnent (l. 4-5) → ………………………………………

2. de piètres scripteurs (l. 11) → ………………………………………

3. une navrante maladresse (l. 12) → ………………………………………

4. des universités poubelles (l. 30) → ………………………………………

5. faire le constat, alors sans appel, des insuffisances fondamentales (l. 33-34)

→ ………………………………………………………………………………

6. transform toute orientation en voie honteuse de relégation (l. 35-36)

→ ………………………………………………………………………………

4. Retrouvez dans le texte les mots appartenant au champ lexical
de l'enseignement pour compléter le tableau.   *3 points*

Type d'établissement	Niveau d'enseignement
…………………………………	*enseignement primaire*
…………………………………	…………………………………
…………………………………	…………………………………
université	…………………………………

5. Trouvez la phrase équivalente et cochez la bonne réponse.   *3 points*

1. *Nos universités sont pour la plupart dans un état pitoyable.* (l. 1)

a. ❑ Toutes nos universités sont dans un état pitoyable.

b. ❑ Beaucoup de nos universités sont dans un état pitoyable.

c. ❑ Quelques-unes de nos universités sont dans un état pitoyable.

2. *Les filières proposées sont à des années-lumière des besoins économiques et sociaux.* (l. 3-4)

a. ❑ Il faudra du temps pour que l'on tienne compte des besoins économiques et sociaux pour déterminer les formations.

b. ❑ Les formations françaises sont les plus brillantes dans les domaines économiques et sociaux

c. ❑ On ne tient pas compte des besoins économiques et sociaux pour déterminer les formations.

3. [...] *pour qu'école, collège et lycée construisent un socle ambitieux et dûment vérifié de savoirs et de savoir-faire indispensables à la poursuite d'études supérieures.* (l. 48-50)

a. ❑ L'enseignement doit construire une base minimum de connaissances accessibles à tous pour que tous puissent accéder à l'université.

b. ❑ L'enseignement doit être fondé sur des savoirs expérimentés par les élèves eux-mêmes.

c. ❑ Les programmes scolaires doivent être riches qualitativement et quantitativement, et il faut vérifier que les élèves acquièrent les bases.

6. Répondez aux questions.   *3 points (0,5 point par bonne réponse)*

1. Quels sont les deux gros problèmes de l'université formulés dans le premier paragraphe et quelle est la conséquence ?

a. deux problèmes : ....

b. conséquence : ....

2. Quel avantage devrait avoir l'autonomie des universités ?

....

3. Est-ce que cette autonomie sera suffisante pour que la situation des universités s'améliore ? Pourquoi ?

....

4. Qu'est-ce qui témoigne d'une mauvaise préparation de trop d'étudiants qui entrent dans le supérieur ?

....

5. Pour quelle raison faut-il que le principe d'exigence soit appliqué dès l'enseignement primaire ?

....

7. Que veut dire l'auteur ? Expliquez les phrases suivantes en fonction du contexte.   *4 points*

1. *Le supérieur malade de l'école.*

....

2. *Si la complaisance et l'aveuglement sont de règle jusqu'au baccalauréat.* (I. 17-18)

....

3. *La sélection [est] d'autant plus cruelle qu'elle aura été inconsidérément différée.* (I. 19-20)

....

4. *l'insécurité linguistique, jamais identifiée, confine à l'illettrisme.* (I. 38)

....

8. Interprétez le texte et répondez.   *2 points*

1. En quoi les ambitions de l'université dépendent-elles de la qualité de l'école ?

....

....

2. Expliquez comment l'auteur laisse entendre qu'une exigence de qualité précoce favorise la justice sociale ?

....

....

Comptez vos points

Corrigez les exercices 1 et 2 à l'aide des corrigés pp. 146-147.
Commencez par compter vos points pour chaque exercice, puis calculez
votre total de points.

Exercices nᵒˢ	1	2	Total des bonnes réponses
Nombre de bonnes réponses	... / 25	... / 25	... / 50

Si vous avez obtenu au moins 36 points (sur 50), vous êtes au niveau B2
en compréhension des écrits. Si vous avez entre 25 et 35 points,
vous devez encore travailler votre lecture.
Si vous avez moins de 25 points, vous devez beaucoup progresser.

Remplissez le portfolio

Remplissez seul(e) le portfolio ou faites-le remplir par votre professeur.
Utilisez les signes suivants :
− dans les colonnes BILAN : X = Je peux faire cela. / XX = Je peux faire
cela bien et facilement.
− dans les colonnes OBJECTIFS : ! = Ceci est un objectif assez important
pour moi. / !! = Ceci est un objectif très important (prioritaire) pour moi.

MES COMPÉTENCES EN COMPRÉHENSION DES ÉCRITS	BILAN Ce que je sais faire maintenant		OBJECTIFS Ce qu'il me reste à apprendre	
	À mon avis	Selon mon professeur	À mon avis	Selon mon professeur
Je peux identifier rapidement le contenu d'une information (qui, quoi, quand, où, pourquoi ?). ‹ Voir les résultats de l'exercice 1, questions 1, 2 et 3 ‹ Voir les résultats de l'exercice 2, question 1				
Je comprends le point de vue présenté et le raisonnement. ‹ Voir les résultats de l'exercice 1, question 4 ‹ Voir les résultats de l'exercice 2, question 2				
Je possède une bonne gamme de vocabulaire sur les sujets les plus généraux. ‹ Voir les résultats de l'exercice 1, question 5 ‹ Voir les résultats de l'exercice 2, questions 3 et 4				
Je peux comprendre en détail. ‹ Voir les résultats de l'exercice 1, questions 6, 7 et 8 ‹ Voir les résultats de l'exercice 2, question 5				
Je sais reformuler des idées, synthétiser de façon simple, expliciter les implicites. ‹ Voir les résultats de l'exercice 1, question 9 ‹ Voir les résultats de l'exercice 2, questions 6, 7, 8				

Pour atteindre vos objectifs et développer vos compétences, reportez-vous
aux pages XX. Si votre niveau est vraiment faible, en plus des activités
proposées, il vous faut « lire » en français le plus possible et en particulier
des articles de journaux. Vous en trouverez beaucoup sur les sites Internet
des journaux francophones : entraînez-vous ! Ainsi vous progresserez
rapidement ! Voyez la liste indicative, p. 66.

Écrire

Je peux écrire avec fluidité sur des faits ou des expériences réelles ou fictives en donnant suffisamment de détails (capacité narrative).

Je peux exprimer dans un message/lettre personnel(le) différents sentiments et attitudes, raconter les dernières nouvelles et préciser ce qui, pour moi, est important dans un événement particulier (capacité expressive).

Je peux exposer un thème sous forme de rédaction ou de lettre et présenter les arguments pour ou contre un point de vue (capacité argumentative).

Je peux écrire des textes clairs et détaillés sur différents sujets sous forme de rédaction de rapport, d'exposé ou de lettres.

Savoir exposer des faits

... / 25

1 Vous avez assisté à un événement exceptionnel. Vous en faites le récit en prenant personnellement position.

Pour évaluer vos points forts et vos points faibles sur ce type de sujet, lisez le document ci-dessous et faites les activités.

> **INSOLITE !**
>
> Une centaine de passagers ont été invités par leur conducteur à descendre sur la voie et à pousser leur train, à cause de contacts défectueux avec les câbles électriques qui l'empêchaient de poursuivre son trajet. Il a fallu plus d'une demi-heure pour ramener le train au contact de câbles électrifiés. L'incident s'est produit sur la ligne de montagne Nice-Digne. En général, la vitesse et le poids du train font qu'il poursuit sur sa lancée et traverse la zone neutralisée. Cela n'a pas été le cas !

Compétence travaillée

Je peux écrire un récit chronologique.

1. Vous étiez vous-même dans le train. Vous racontez les faits sur votre blog, mais à cause d'un virus, votre texte s'est retrouvé dans le désordre et sans ponctuation. Rétablissez la ponctuation et remettez les phrases dans l'ordre.

5 points

 http://www.blog.com   Accueil   FAQ   **Forum**

Une histoire incroyable !

A. Je lisais le journal quand tout à coup le train s'est arrêté

B. Hier j'étais comme d'habitude dans le train qui me ramène chez moi après le travail

C. Finalement nous sommes arrivés avec moins d'une heure de retard mais un peu plus fatigués que prévu

D. Vous ne devinerez jamais ce qu'il se passait les câbles électriques étaient défectueux et le train ne pouvait pas repartir

E. D'abord j'ai pensé qu'il s'agissait de quelque chose de normal mais comme le train ne repartait pas j'ai commencé à m'inquiéter

F. Comme nous nous trouvions au milieu de nulle part le conducteur nous a dit que la seule chose à faire c'était de sortir et de... pousser le train C'est fou non

G. Mais ce n'est pas le plus incroyable de cette aventure

H. Alors nous avons dû descendre sur les voies nous étions une centaine et nous avons commencé à pousser

I. Une dizaine de minutes se sont écoulées puis le conducteur du train est enfin passé dans mon wagon

J. Beaucoup riaient d'autres râlaient Heureusement il n'a fallu que quelques mètres et tout est rentré dans l'ordre

1	2	3	4	5	6	7	8	9	10
B									

2. Complétez les phrases avec une expression de temps qui convient. N'utilisez pas deux fois la même. *3 points*

1. Cette histoire s'est passée .... un mois.

2. Nous avons poussé le train ....'il reparte.

3. .... le contrôleur n'est pas arrivé, personne ne savait ce qu'il se passait.

4. .... nous poussions le train, j'ai entendu une femme se plaindre.

5. .... le train est reparti, j'ai été soulagée.

6. .... le train s'arrêtait, j'avais peur qu'il faille tout recommencer !

3. Amélie a posté un commentaire sur votre blog, mais les verbes ont disparu. Complétez les phrases à l'aide des verbes et des temps donnés entre parenthèses. *4 points*

Je .... (*lire*, passé récent) ton histoire loufoque et je n'en reviens pas ! Je ne crois pas qu'on .... (*pouvoir*, subjonctif présent) demander des choses pareilles aux utilisateurs !
Et si tu .... (*se blesser*, plus-que-parfait) ? Il faut absolument que tu .... (*écrire*, subjonctif présent) à la compagnie ferroviaire pour demander le remboursement de ton billet !
J'ajoute que toi et les autres voyageurs, vous .... (*devoir*, conditionnel présent) créer une association et vous unir pour obtenir quelque chose. De surcroît, je te conseille d'écrire au journal local : il est fondamental que des nouvelles de ce genre .... (*faire*, subjonctif présent) le tour du pays. Si j'étais vous, je .... (*ne plus prendre*, conditionnel présent) le train de ma vie, vous .... (*devoir*, conditionnel passé) refuser tout net de pousser ce train ! Ils n'avaient qu'à trouver une autre solution.

4. Après avoir lu votre blog, Amélie raconte à une amie l'épisode et ce qu'elle vous a conseillé. Complétez son récit en insérant les phrases suivantes au style indirect. *2 points*

1. Je n'en reviens pas !
2. Je ne crois pas que l'on puisse demander des choses pareilles aux passagers.
3. Et si tu t'étais blessée, qu'est-ce que tu aurais fait ?
4. Toi et les autres voyageurs, avez-vous pensé à créer une association ?

Envoyer maintenant | Options ▾ | Insérer ▾ | Catégories

Salut !

Aujourd'hui, j'ai lu une histoire pas possible. Voilà ce qui est arrivé à une personne qui l'a raconté sur son blog : son train est tombé en panne et tous les voyageurs sont descendus pour pousser ! Je lui ai posté un commentaire et je lui ai dit

1) que ....

et 2) que ....

Je lui ai demandé 3) ....

et 4) ....

5. Complétez les phrases suivantes en choisissant des expressions différentes de cause et de conséquence. *(Il y a parfois plusieurs solutions.)*

3 points

1. Le train s'est arrêté .... contacts défectueux.

2. Il n'y avait plus d'électricité ; .... il n'y avait qu'une solution : pousser !

3. .... le train ne pouvait pas rester là où il se trouvait, les voyageurs ont été obligés de faire quelque chose.

4. .... les voyageurs étaient très nombreux, le contrôleur leur a demandé de pousser le train.

5. La requête du contrôleur était étrange, ... la surprise des passagers.

6. .... la colloboration des voyageurs, le train s'est retrouvé sur une portion de voie électrifiée et il est reparti assez vite.

6. Complétez les phrases suivantes en choisissant des expressions différentes de condition ou d'hypothèse. *3 points*

1. .... tu n'y aurais pas déjà pensé, écris une lettre de réclamation !

2. .... j'avais pu imaginer une chose pareille, j'aurais pris ma voiture pour aller au travail.

3. Je reprendrai ce train .... l'on m'offre le billet !

4. Je garde mon billet ....'on me demande un justificatif.

5. Le train ne repartira pas avant deux heures .... vous n'acceptiez de le pousser.

6. Finalement, heureusement qu'il y a eu cette panne, ... je n'aurais rien eu à raconter sur mon blog !

REPEREZ **VOS POINTS FORTS ET VOS POINTS FAIBLES**

Compétence travaillée

Je sais exprimer l'opposition, la concession et le but.

7. Reliez les phrases pour exprimer l'opposition, la concession ou le but entre les deux faits. Proposez deux solutions pour chaque énoncé. *3 points*

1. Le train est un moyen agréable de voyager ; les retards sont fréquents malheureusement.

....

....

2. Je suis vraiment en colère ; les autres trouvent cette histoire très drôle.

....

....

3. Le train est arrivé avec 20 minutes de retard seulement. Il était resté en panne plus d'une heure.

....

....

4. Les passagers ne voulaient pas pousser le train ; ils l'ont fait.

....

....

5. Des mesures sévères ont été prises : de telles choses ne doivent plus arriver.

....

....

6. Un service en ligne a été mis en place : il s'agit de créer un lien direct entre les consommateurs et nos services.

....

....

Compétence travaillée

Je sais exprimer la comparaison.

8. Reprenez la même information en utilisant une forme comparative ou superlative. Proposez plusieurs solutions. *2 points*

1. Le contrôleur a été très compréhensif. Les employés au guichet à l'arrivée au contraire ont été très agressifs.

....

....

2. Cet incident a été une bonne preuve de solidarité entre les gens.

....

....

Prendre position

 2 Après avoir vu un spectacle de votre choix (film, pièce de théâtre, concert, etc.), vous écrivez votre critique sur le forum des internautes.

Pour évaluer vos points forts et vos points faibles sur ce type de sujet, lisez les critiques suivantes et faites les activités.

1802, l'épopée guadeloupéenne,
un film de Christian Lara.

Résumé

Paris, 1802. Napoléon Bonaparte organise sa conquête du pouvoir. Mais, d'abord, il entend rétablir l'autorité de la France à Saint-Domingue et en Guadeloupe. C'est le début de *1802, l'épopée guadeloupéenne*.

Critiques des internautes

Tommy

J'avoue que l'approche est intéressante vu les moyens limités de l'auteur. Cependant, c'est dommage que l'on n'ait pas senti davantage les atrocités commises contre les insurgés. En ce qui me concerne, je suis tout de même satisfait d'avoir vu ce film. Je vous le conseille !

Lully

PITOYABLE ! Ce film est navrant. J'estime qu'il n'y a eu aucune recherche historique, et que les dialogues contemporains sont plutôt étranges pour une fresque historique ! J'ai détesté le jeu des acteurs. En plus, ils ne sont pas aidés par la mise en scène lamentable ! Bref, je suis antillais et j'ai honte d'avoir vu ça ! Je suis très choqué par les inexactitudes historiques et la légèreté avec laquelle un thème si important a été abordé ! À ne surtout pas voir ! Je me demande encore comment ce film a pu sortir en salle ! Je suis vraiment excédé par ce manque de sérieux !

La môme, un film de Olivier Dahan.

Résumé

De son enfance à la gloire, de ses victoires à ses blessures, de Belleville à New York, l'exceptionnel parcours d'Édith Piaf. À travers un destin plus incroyable qu'un roman.

Critiques des internautes

Chouchou

MAGNIFIQUE ! Que dire de plus ? Ce film vous transporte du début à la fin en vous faisant ressentir les plus belles émotions. Marion Cotillard est impressionnante et sublime. De plus, on apprend tout de la vie d'Édith Piaf, le pourquoi du comment de ses chansons, etc. À mon avis, il s'agit d'un film exceptionnel à ne manquer sous aucun prétexte, je suis ravie de l'avoir vu. J'ai adoré !

Sagittaire

Malgré quelques longueurs, *La môme* m'a plu car je pense que ce film est très touchant et qu'il donne vraiment une impression de réel. De plus, selon moi, l'actrice est très convaincante. Je suis contente d'avoir vu ce film et, à votre place, je programmerais vite une soirée ciné ; vous ne serez pas déçu.

Trésor

Quelle déception !! Il me semblait que la bande-annonce et le casting étaient très attractifs, mais ça s'est arrêté là... Je trouve que le film est mauvais, les flash-back fonctionnent très mal, les plans sont affligeants, Marion Cotillard est très décevante (à l'exception de la fin de vie d'Édith Piaf), et surtout, il y a beaucoup de longueurs. Bref, le spectateur entre dans le cinéma avec l'image d'une grande dame de la chanson française et ressort avec l'image d'une femme aigrie, irrespectueuse, droguée et alcoolique. Si vous voulez savoir ce que j'en dis : ça ne vaut pas la peine de sortir de chez soi pour aller voir ce film inintéressant ! Je regrette d'avoir perdu mon temps !

Compétence travaillée

Je sais introduire
mon opinion par écrit.

1. Retrouvez, dans les critiques des internautes, les formules utilisées pour introduire une opinion personnelle, et transcrivez-les dans les listes données *(une forme par verbe).* *2 points*

Verbes : j'avoue que, je ...., je ...., je ...., il ...., je ...., je reconnais que, j'admets que

Autres expressions : d'après moi, ..., à ...., à mon sens, ...

Compétence travaillée

Je peux exprimer mes goûts
et mes sentiments.

2. Complétez le tableau à l'aide des 12 adjectifs utilisés dans les critiques d'internautes pour qualifier les films, la mise en scène ou les acteurs, selon qu'ils sont positifs ou négatifs. *6 points*

Adjectifs positifs	Adjectifs négatifs
intéressant(e) ; .... ;	*pitoyable* ; .... ;
.... ;	.... ;
.... ;	.... ;
.... ;	.... ;
.... ;	.... ;
....	....

3. Recherchez 12 expressions qui rendent compte de la réaction personnelle du spectateur. *6 points*

Réactions positives	Réactions négatives
Je suis satisfait ; .... ;	*C'est dommage* ; .... ;
.... ;	.... ;
.... ;	.... ;
.... ;	.... ;
.... ;	.... ;
....	....

4. Conseiller, déconseiller : trouvez dans les documents les expressions contraires. *2 points*

Jugements positifs	Jugements négatifs
1.	1. Je vous déconseille d'aller le voir.
2. À voir absolument.	2. ....
3.	3. À éviter à tout prix
4. Ça vaut la peine d'y aller.	4. ....

5. Classez les phrases suivantes selon la modalité qu'elles expriment en inscrivant le numéro de la phrase dans le tableau.   *4 points*

1. Mon amie est persuadée que ce film me plaira.

2. Je tiens à avoir ton avis sur ce film.

3. J'aimerais que nous allions ensemble à la fête du cinéma.

4. Il est vraisemblable que l'actrice chante en play-back.

5. Il est peu probable que le public aime ce genre d'interprétation.

6. Je suis tout à fait convaincu que l'actrice obtiendra un César pour son interprétation.

7. J'envisage d'aller au Festival de Cannes mais je ne sais pas encore si j'aurai le temps.

8. Force est de constater que ce film n'a pas eu le succès qu'il méritait.

9. Je voudrais que tu viennes avec moi voir *La môme*.

10. Elle m'a assuré que je ne serai pas déçu.

11. Les acteurs sont tenus de respecter les ordres du réalisateur.

12. Avant même de le voir, j'étais sûr que ce film me décevrait.

13. Les Guadeloupéens exigent des excuses de la part du réalisateur.

14. Il se peut que ce film ait été tourné en Guadeloupe.

15. Il faudrait que l'on trouve l'affiche du film.

16. Ce serait bien si tu pouvais me donner les références de la bande originale.

certitude	nécessité	possibilité/ probabilité	volonté	souhait
...... ; ...... ;	...... ; ...... ;	...... ; ...... ;	...... ; ...... ;	...... ;
...... ;	......	...... ;	......	......

6. Dites la même chose en utilisant une autre formulation.   *2 points*

Ex. : Les erreurs de type historique devraient être corrigées.
    → *Il faudrait corriger les erreurs de type historique.*

1. J'ai l'intention d'écrire un roman sur ma vie.

....

....

2. Je souhaiterais que tu me dises ce que tu en penses.

....

....

3. J'ai une amie qui est persuadée que je gagnerais le prix Goncourt.

....

....

4. Il est vraisemblable que tout cela ne soit qu'un rêve.

....

....

7. Dans quelle situation écririez-vous les critiques suivantes. Associez et réfléchissez aux éléments qui vous ont permis de répondre.

3 points

1. Je viens d'aller voir *1802, l'épopée guadeloupéenne*. N'y va pas. C'est archi-nul. En plus, ça raconte des trucs complètement faux. C'est dingue que le film ait reçu 4 étoiles !

2. Monsieur, suite à la lecture de votre critique, je suis allé voir le film que vous recommandiez avec plusieurs étoiles, *1802, l'épopée guadeloupéenne*, et non seulement j'ai été déçu, ce qui pourrait n'être qu'une question de goût, mais je trouve que les erreurs historiques ne devraient pas être cautionnées par un journal comme le vôtre qui contribue ainsi à diffuser une vision erronée des événements.

3. Le dernier film de Claude Lara, *1802, l'épopée guadeloupéenne*, laisse perplexe. S'il est vrai que la liberté de création ne peut en aucun cas prétendre à l'objectivité totale, il n'en demeure pas moins qu'un certain nombre d'inexactitudes oriente l'interprétation du film et va à l'encontre du désir affiché de faire un film historique.

a. lettre formelle de protestation

b. mél personnel

c. critique pour le journal local

A. registre soutenu

B. registre familier

Construire une argumentation

... / 25

3 Vous participez à un forum de discussion. Vous rédigez votre intervention personnelle.

Pour évaluer vos points faibles et vos points forts sur ce type de sujet, faites les activités sur le thème : « Prendre une année sabbatique : pour ou contre ? ».

Compétence travaillée

Je peux classer les arguments.

1. À partir de la question du forum, classez les arguments suivants dans le tableau. *6 points*

1. C'est une occasion pour faire ce que l'on n'a jamais eu le temps de faire.

2. On risque de perdre son travail.

3. Il s'agit d'un bon moyen pour comprendre ce que l'on veut vraiment.

4. On a du temps pour s'occuper des autres.

5. « L'oisiveté est la mère de tous les vices » dit le proverbe.

6. Et l'argent ?

Pour	Contre
.... ;	.... ;
.... ;	.... ;
....	....

Compétence travaillée

Je peux distinguer les exemples.

2. Associez chaque argument au témoignage qui lui correspond. *6 points*

1. C'est une occasion pour faire ce que l'on n'a jamais eu le temps de faire. •

2. On risque de perdre son travail. •

3. Il s'agit d'un bon moyen pour comprendre ce que l'on veut vraiment. •

4. On a du temps pour s'occuper des autres. •

5. « L'oisiveté est la mère de tous les vices » dit le proverbe. •

6. Et l'argent ? •

A. « Je n'avais pas de projet précis, j'ai passé un an à regarder la télé ! »

B. « Je rêvais de suivre un cours de théâtre mais les horaires ne correspondaient jamais avec mes horaires de travail. »

C. « J'étais parti pour un an mais je n'ai pas tenu le coup. Au bout de 6 mois je n'avais même plus de quoi me payer un café... »

D. « Quand je suis rentrée tout avait changé dans mon entreprise et j'ai senti que l'on ne voulait plus de moi. »

E. « Mon cousin a passé un an comme bénévole pour une ONG. »

F. « Avant, Anna pensait qu'elle n'était pas faite pour voyager et rester loin de sa famille, maintenant elle est hôtesse de l'air ! »

PRODUCTION ÉCRITE

Je peux introduire
ma réflexion.

3. Cochez les trois phrases qui pourraient convenir comme entrée
en matière pour introduire une réflexion sur l'année sabbatique.　*3 points*

1. ❑ Aujourd'hui de plus en plus de personnes décident de s'éloigner de leur
travail pendant un certain temps pour se consacrer à d'autres choses.
Alors ils prennent une année sabbatique.

2. ❑ Le travail et les passions se concilient très facilement, on a toujours
du temps pour faire ce que l'on aime. Alors pourquoi une année
sabbatique ?

3. ❑ Après les études ou quand les enfants ont grandi, on se rend parfois
compte que l'on a mis de côté les choses que l'on aurait voulu faire.
Alors on peut prendre une année sabbatique.

4. ❑ Quand on a un travail, il faut le garder, même si c'est quelquefois difficile
de ne pas avoir de temps pour soi. Alors on ne prend pas d'année
sabbatique.

5. ❑ C'est une folie de tout quitter pour partir vers l'inconnu : dans la vie,
il faut faire des choix et s'y tenir. Une année sabbatique ne sert à rien.

6. ❑ C'est une folie de tout quitter pour partir vers l'inconnu, mais dans la vie
il est bon de se lancer des défis pour mieux se connaître et savoir ce que
l'on veut réellement. Alors pourquoi pas une année sabbatique ?

Je peux organiser et
conclure mon raisonnement.

4. Distinguez parmi les phrases données celles qui font partie
de la réflexion et celles qui constituent une conclusion.　*6 points*

1. « Au terme de cette réflexion, nous avons vu qu'il y a des aspects positifs
et des aspects négatifs mais, comme dit le proverbe, qui ne tente rien n'a
rien ! »

2. « D'un côté, il est important de bien réfléchir avant de décider de tout
quitter pendant un an mais, d'un autre côté, cela peut constituer une
excellente occasion de partir à l'étranger pour apprendre les langues et
voir du pays, par exemple. »

3. « Dans un deuxième temps, on peut aussi mettre en évidence les dangers
de l'année sabbatique, celui de devenir paresseux ou encore de se
désocialiser comme cela a été le cas pour une personne que je connais et
qui, peu à peu, a cessé de voir ses amis et s'est renfermée sur elle-même. »

4. « Quoi dire en définitive ? Pour ma part et, après réflexion, je pense que
l'année sabbatique est une aventure au bout de laquelle il n'y a que
déception et frustration : puisqu'il faut de toute façon revenir à sa vie
d'avant, pourquoi la quitter au risque de tout perdre ? »

5. Donc, une année sabbatique peut être quelque chose de très intéressant,
il faut cependant bien réfléchir et établir un projet précis sinon on risque
de tout rater et d'être encore plus frustré qu'avant. »

6. « Tout d'abord, il convient de souligner que l'année sabbatique est souvent
un moment riche de nouvelles expériences : on a plus de temps, donc
on fait plus de choses, cela paraît évident. »

Parties de la réflexion	Conclusion
…… ; …… ; ……	…… ; …… ; ……

5. En vous aidant du tableau ci-dessous sur les connecteurs, complétez ce court exposé.

4 points

énumérer	ajouter	expliquer/ illustrer	opposer	nuancer	conclure
première-ment, deuxième-ment... en premier lieu, en second lieu... tout d'abord, ensuite... dans un premier temps, dans un deuxième temps... non seule-ment... mais encore/aussi d'une part..., d'autre part... d'un côté..., de l'autre...	et en outre par ailleurs aussi et puis et après ensuite alors d'autant plus que	car en effet par exemple en d'autres termes c'est-à-dire, à savoir, autrement dit en réalité en fait d'ailleurs notamment dans ce cas	en revanche mais au contraire inverse-ment/ à l'inverse soit (que)... soit (que) ou... ou... or	mais cependant pourtant néanmoins toutefois	en fin de compte en conclusion pour conclure donc, ainsi, alors en définitive bref au terme de

Aujourd'hui, de nombreuses personnes décident de prendre une année sabbatique, ... une période d'un an au cours de laquelle elles vont pouvoir se consacrer à de nouvelles expériences. Quels sont les avantages et les risques ? ...., si l'on a un projet, comme .... faire du théâtre ou partir à l'étranger pour apprendre les langues, ... ce sera une expérience enrichissante. ...., si l'on ne sait pas trop quoi faire et que l'on a juste envie de se reposer, cela devient risqué, ... l'on peut perdre son travail et ne plus avoir assez d'argent. ...., on peut se sentir libre, mais le vide s'installe peu après. Il est .... important de bien réfléchir et de peser le pour et le contre avant de prendre sa décision.

Simulation complète de production écrite

... / 25

 Vous avez réservé un billet d'avion aller-retour pour la France où vous vous rendez pour la remise d'un prix que vous avez gagné. Pour des raisons personnelles, vous ratez votre vol aller, et pensez devoir acheter un autre billet aller sur une autre compagnie. Mais vous apprenez alors que vous n'avez plus le droit d'utiliser votre billet retour pourtant dûment réservé, et qu'il vous faudra aussi le racheter. Vous écrivez à la compagnie pour expliquer la situation et protester (250 mots).

Vous rédigez votre lettre de protestation que vous ferez corriger par votre professeur. Vous appliquerez pour vous évaluer le barème utilisé pour le DELF, p. 10, qui tient compte des compétences communicatives et linguistiques.

Comptez vos points

1) Corrigez les exercices 1, 2, 3 et 4 à l'aide des corrigés p. 147-148. Ils évaluent votre préparation méthodologique à l'épreuve.

Exercices n^{os}	1	2	3	4	Total des bonnes réponses
Nombre de bonnes réponses	... / 25	... / 25	... / 25	... / 25	... / 100

Si vous avez obtenu au moins 80 points (sur 100), vous êtes au niveau B2 pour la préparation à la production écrite. Si vous avez entre 50 et 79 points, vous devez encore travailler votre méthode. Si vous avez moins de 50 points, vous devez beaucoup progresser.

2) Évaluez votre performance dans l'exercice 4 en utilisant la grille d'évaluation du DELF, p. 10. Elle prend en compte également vos compétences linguistiques.
Compétences communicatives : ... / 14   Compétences linguistiques : ... / 11

Remplissez le portfolio

Remplissez seul(e) le portfolio ou faites-le remplir par votre professeur. Utilisez les signes suivants :
– dans les colonnes BILAN : X = Je peux faire cela. / XX = Je peux faire cela bien et facilement.
– dans les colonnes OBJECTIFS : ! = Ceci est un objectif assez important pour moi. / !! = Ceci est un objectif très important (prioritaire) pour moi.

MES COMPÉTENCES EN PRODUCTION ÉCRITE	BILAN Ce que je sais faire maintenant		OBJECTIFS Ce qu'il me reste à apprendre	
	À mon avis	Selon mon professeur	À mon avis	Selon mon professeur
COMPÉTENCES COMMUNICATIVES				
Je sais présenter des faits. Je maîtrise les rapports temporels. → *Voir les résultats de l'exercice 1, questions 1, 2 et 3*				
Je maîtrise les rapports logiques. → *Voir les résultats de l'exercice 1, questions 4, 5, 6, 7, 8 et 9*				
Je sais argumenter et prendre position. Je sais introduire, organiser et conclure mon raisonnement. → *Voir les résultats de l'exercice 2, question 1, et de l'exercice 3, questions 1, 3 et 4*				
Je peux exprimer goûts, sentiments, modalités. → *Voir les résultats de l'exercice 2, questions 2, 3, 4, 5 et 6*				
Je peux utiliser des détails pertinents. → *Voir les résultats de l'exercice 3, question 2*				
Je sais être cohérent. Je sais utiliser les connecteurs. → *Voir les résultats de l'exercice 1, question 5, et de l'exercice 3, question 5*				
Je connais la ponctuaction. → *Voir les résultats de l'exercice 1, question 1*				
Je sais respecter la consigne et le registre de langue. Je respecte la forme demandée (lettre, débat). → *Voir les résultats de l'exercice 4*				
Je respecte le registre de langue. → *Voir les résultats de l'exercice 1, questions 4, 2 et 7, et de l'exercice 4*				
COMPÉTENCES LINGUISTIQUES				
Lexique – richesse – précision				
Morphosyntaxe – contrôle morphosyntaxique – élaboration des phrases				
Orthographe				

Je peux comprendre et résumer oralement de courts extraits d'un bulletin d'informations, d'une interview ou d'un reportage contenant prises de position, arguments et discussions.
Je peux expliquer mon point de vue sur un problème en exposant les avantages et les inconvénients de diverses options.
Je peux construire un raisonnement logique et enchaîner mes idées.
Je peux commencer, soutenir et terminer une conversation avec naturel en sachant prendre et céder la parole.
Je peux motiver et défendre mes opinions dans une discussion avec des explications, des arguments et des commentaires.

S'exprimer oralement en continu (1)

... / 25

1 Vous dégagerez le problème présenté par le document ci-dessous.
Vous présenterez votre opinion sur le sujet de manière argumentée.

Solaire disponible en rayons

Énergie. *Des panneaux photovoltaïques sur son toit ? En voilà une bonne idée. Mais un peu ardue à concrétiser…*
Des PME[1] se sont lancées sur le marché balbutiant du solaire clé en main.

Mais alors ça marche l'électricité solaire ? Assez, en tout cas, pour qu'une jeune PME comme Solaire Direct embauche dix personnes par mois et prévoit une progression de son chiffre d'affaires de 1,7 million d'euros en 2007 à 50 millions en 2008 et 190 en 2009…

Longtemps cantonné au rang de parent pauvre des énergies renouvelables – « les rendements sont nuls, ça ne fonctionne pas la nuit », entend-on couramment… –, le solaire commence à attirer les investisseurs et le grand public.

Entre un coût de l'énergie qui flambe, une technologie qui s'améliore et les obligations européennes en matière de renouvelables, l'horizon s'éclaircit pour la filière. […]

G. LA, *Libération*, 02/04/2008.

---
1. Petites et Moyennes Entreprises.

**1. Choisissez le meilleur mot-clé pour rendre compte du thème traité.
Attention, il ne doit pas être trop général ou trop spécifique.** *1 point*

a. ❏ énergie renouvelable

b. ❏ énergie solaire

c. ❏ panneaux photovoltaïques

**2. Quel énoncé traduit l'idée générale présentée ?
Cochez la bonne réponse.** *1 point*

a. ❏ Le grand public fait pression pour avoir l'énergie solaire (insistance sur les opinions écologistes).

b. ❏ Les petites entreprises commencent à investir dans l'énergie solaire (insistance sur les facteurs économiques).

c. ❏ L'énergie solaire a montré sa nette supériorité (insistance sur l'aspect technique).

3. Complétez la présentation du document. *4 points*

1. Cet article est tiré d'un :

a. ❑ quotidien.

b. ❑ hebdomadaire.

c. ❑ site Internet.

Justifiez votre réponse en précisant le titre, la date et l'auteur s'il existe.

....

2. Cet article a pour but :

a. ❑ de dénoncer un problème.

b. ❑ d'informer le lecteur.

c. ❑ de critiquer une situation.

Justifiez votre réponse en citant une phrase du texte :

....

4. Condensez et reformulez les informations principales. *3 points*

Le journaliste explique que certaines entreprises se lancent dans l'énergie
solaire pour trois raisons :

1. une raison économique : ....

2. une raison technologique : ....

3. une raison politique : ....

5. Quelles problématiques à votre avis pourraient être choisies ici ?
Il y en a deux possibles. *2 points*

a. ❑ Est-ce que personnellement j'équiperais ma maison avec l'énergie solaire ?

b. ❑ Est-ce que l'énergie solaire est trop chère ?

c. ❑ Pourquoi le pétrole ne peut-il être une solution pour la planète ?

d. ❑ Le solaire est-il une bonne solution pour la planète ?

6. Classez les arguments suivants dans le tableau selon que le candidat
choisirait la problématique 1 (plus personnalisée autour du « je »)
ou la problématique 2 (réflexion plus générale). *8 points*

1. À côté du solaire, il y a le vent, et beaucoup de pays – même ensoleillés
comme l'Espagne ou la Grèce – ont des programmes de développement
des éoliennes.

2. L'avenir de la planète est en jeu et, donc, il faut changer les choses, même
dans notre vie quotidienne. Je crois que toutes les familles peuvent faire
ce choix et, en particulier, adopter le solaire.

3. L'avantage du solaire, c'est que les équipements sont individuels et que
les maisons fonctionnent en autarcie. Ce n'est pas tellement la nuit qui pose
problème (aujourd'hui, on peut avoir des accumulateurs), mais le mauvais temps.

4. Il existe aussi d'autres techniques pour utiliser le solaire, par exemple
les vitres spéciales qui permettent de réchauffer les pièces. Je les utiliserais
aussi.

5. Certainement l'énergie solaire est à exploiter dans tous les pays où il fait
beau, et il y en a beaucoup !

6. Par contre, le problème, c'est peut-être l'esthétique ; c'est vrai que sur le toit de ma maison, ce n'est pas forcément très beau.

7. L'objection, pendant longtemps, a été l'argent : équiper une maison en énergie solaire coûtait trop cher, mais aujourd'hui, le prix des autres énergies a augmenté, la différence est donc minime et, personnellement, je peux accepter de payer un tout petit plus pour avoir du solaire.

8. Mais le problème du solaire, c'est qu'il ne couvrira qu'une petite partie de tous les besoins énergétiques d'un pays.

Problématique 1. Est-ce que personnellement j'équiperais ma maison avec l'énergie solaire ?	**Problématique 2.** Le solaire est-il une bonne solution pour la planète ?
....	....

Compétence travaillée

Je peux enchaîner mes idées.

7. Pour chaque problématique, organisez les arguments vus précédemment selon l'ordre logique d'une présentation. *4 points*

Problématique 1 : ...., ..., ...

Problématique 2 : ...., ..., ...

8. Quels sont les connecteurs qui ont été utilisés ? *2 points*

1. Pour marquer l'opposition : .... ; ....

2. Pour marquer une déduction : ....

3. Pour ajouter un autre élément : ....

S'exprimer oralement en continu (2)

... / 25

 Vous dégagerez le problème présenté par le document ci-dessous. Vous présenterez votre opinion sur le sujet de manière argumentée.

Quand les entreprises mettent en avant la culture générale

Pour aider leurs salariés à prendre du recul et à mieux saisir leur environnement, des entreprises leur donnent l'occasion de s'ouvrir l'esprit par des séminaires ou débats qui font appel à des spécialistes en sciences humaines.

Des sociologues, historiens, ethnologues, psychologues ou urbanistes qui dissertent sur l'évolution de l'habitat, l'art de voyager, le vieillissement de la population ou la notion de goût : plus besoin d'aller au Collège de France ou d'écouter France Culture pour s'élever l'esprit.

Des salariés du secteur tourisme, de l'immobilier ou de la grande distribution assistent dans le cadre de leur travail à des séminaires sur des sujets de culture générale. Ces thèmes ont beau être éloignés du quotidien de la vie des affaires ou de bureau, ils trouvent leur utilité en entreprise, explique Philippe Sachetti, directeur associé de l'agence de communication Kuryo [...] La culture générale est donc mise au service d'un objectif de formation, communication interne ou motivation.

Frédéric Brillet, *Le Figaro*, 03/03/2008.

Compétence travaillée

Je peux dégager
le thème du débat.

1. Choisissez le meilleur mot-clé pour rendre compte du thème traité.
Attention, il ne doit pas être trop général ou trop spécifique.   *1 point*

a. ❏ sociologie

b. ❏ formation générale

c. ❏ culture générale

2. Choisissez la meilleure reformulation de l'idée générale.   *1 point*

a. ❏ Les entreprises revalorisent la culture générale.

b. ❏ Des entreprises offrent à leurs salariés des séminaires de culture
générale qu'elles estiment utiles pour motiver et mieux communiquer.

c. ❏ Des spécialistes des sciences humaines entrent dans les entreprises
pour diffuser leur savoir.

Compétence travaillée

Je sais commencer
l'exposé oral.

3. Écoutez la présentation du document et complétez la transcription
par les formules utilisées.   *3 points*

Ce document est .... un article .... le journal

Le Figaro du 3 mars 2008. Le ...., Frédéric Brillet,

.... le lecteur .... des entreprises

offrent à leur personnel des séminaires de ....

Compétence travaillée

Je sais résumer
et reformuler le document.

4. Relisez le document et répondez aux questions pour synthétiser
les informations.   *4 points*

1. Quel mot résume dans le texte l'énumération : « *sociologues, historiens,
ethnologues, psychologues ou urbanistes* » ?

....

2. À quel secteur d'activité cité dans le texte reliez-vous les titres
de conférences donnés ?

a. évolution de l'habitat : ....

b. art de voyager : ....

c. notion de goût : ....

3. Ces conférences portent sur :

a. ❏ n'importe quel sujet.

b. ❏ des sujets généraux qui concernent le domaine de compétence
de l'entreprise.

c. ❏ le quotidien de l'entreprise.

4. Quelles sont les trois raisons qui rendent la culture générale utile
à l'entreprise ?

a. ....

b. ....

c. ....

5. Complétez le résumé du document qui suivrait la présentation donnée à la question 3. *5 points*

Des .... tiennent des .... sur

des thèmes généraux intéressant le .... de l'entreprise,

afin d'ouvrir l'esprit, de .... les salariés et de favoriser

la .... à l'intérieur de l'entreprise.

6. Quelle problématique à votre avis pourrait être choisie ici ? *1 point*

a. ❏ Pourquoi introduire la culture générale dans l'entreprise ?

b. ❏ Pourquoi la culture générale est-elle réservée aux intellectuels ?

c. ❏ En quoi les thèmes traités par les sciences humaines peuvent-ils intéresser les secteurs du tourisme, de l'immobilier ou de la distribution ?

d. ❏ Faut-il apprendre à bien parler ?

7. Relisez le document et mettez dans l'ordre logique la présentation ci-dessous. Puis écoutez l'entretien pour corriger. *6 points*

A. Ainsi, pour conclure ce premier point, je pense vraiment que la diffusion de la culture générale dans les entreprises devrait permettre des activités plus réfléchies et donc moins d'erreurs.

B. Allons plus loin. Si tous les opérateurs touristiques étaient conscients du danger que courent certaines villes d'art d'Italie par exemple, absolument suffoquées par des millions de touristes, peut-être y aurait-il une évolution dans les pratiques.

C. Donc, dans tous les cas de figure, la culture générale, entendue non pas comme savoir encyclopédique, mais comme capacité à « s'ouvrir l'esprit » pour mieux travailler et mieux se sentir dans l'entreprise, est indispensable.

D. Ces réflexions permettent de mieux comprendre ce que l'on fait, d'être conscient de l'impact que l'on a sur le monde, mais aussi peut-être de mieux se développer et de faire plus de profit.

E. Ma première réponse est qu'elle est nécessaire, comme le montrent les exemples de l'article. Car la culture, ce n'est pas une collection de savoirs encyclopédiques gratuits, mais des réflexions qui portent sur les domaines mêmes des entreprises : le tourisme, le bâtiment, le commerce.

F. Je crois que la question qu'on se pose immédiatement est de savoir si l'introduction de la culture générale dans les entreprises est superflue ou fondamentale.

G. Le deuxième point que je voudrais aborder, ce sont les motifs soulignés dans l'article par M. Sachetti, qui insiste sur l'aspect « motivation » et « communication interne ».

H. Je vous donne un exemple. Si un opérateur touristique n'a pas de vision un peu plus ample des attentes du public – ce que peut lui expliquer un sociologue – il risque de ne pas savoir diversifier ses offres, et donc d'y perdre, même économiquement.

I. Pourquoi des salariés à qui l'on propose de suivre des conférences peuvent-ils être motivés ? Tout simplement, peut-être, parce que c'est une façon de les valoriser. La culture, pour les gens, est par nature inaccessible et réservée aux spécialistes. Que la culture vienne à eux peut être valorisant, et une bonne estime de soi a des répercutions positives pour l'entreprise.

Compétence travaillée

Je peux dégager une problématique.

Compétence travaillée

Je peux trouver des arguments et des exemples.

J. Mais, alors, une autre question se pose : est-ce qu'on ne devrait pas accentuer le poids de cette culture générale au niveau de la formation initiale, ou bien faut-il généraliser la formation continue ? Voilà un sujet à débattre.

K. Eh bien, pour répondre à cette question sur l'amélioration des relations à l'intérieur de la société, je dirais que si des psychologues viennent expliquer comment fonctionnent les dynamiques de groupe, comment il convient de gérer le stress, comment parler à un subordonné, certainement, cela créera un meilleur climat, qui favorisera la productivité.

L. Deuxièmement, pourquoi la culture pourrait-elle améliorer la communication interne ?

1	2	3	4	5	6	7	8	9	10	11	12
		D									

Compétence travaillée

Je peux enchaîner mes idées.

8. **Retrouvez dans la présentation :** *4 points*

1. les phrases pour introduire les deux parties du raisonnement :

a. ....

b. ....

2. les mots qui introduisent la conclusion partielle et la conclusion finale :

a. ....

b. ....

3. la façon d'introduire les deux exemples sur le tourisme :

a. ....

b. ....

4. la façon d'ouvrir le débat à la fin :

....

5. la façon de nuancer une affirmation en la mettant légèrement en doute (premier paragraphe) :

....

Prendre part à une conversation

... / 25

3 Vous dégagerez le problème présenté par le document ci-dessous. Vous présenterez votre opinion sur le sujet de manière argumentée et vous la défendrez dans un débat avec l'examinateur.

Des Français suréquipés mais pas rassasiés

L'heure est à la surabondance dans les foyers. Présenté mercredi dernier, le bilan annuel de l'électronique grand public de l'institut GfK dresse le portrait de consommateurs gargantuesques qui, face à un pouvoir d'achat en berne, ont paradoxalement encore les moyens de s'équiper.

[...] Les ventes d'écrans plats ont dopé le marché [...] « Quand la télévision va, tout va », commente Olivier Malandras, le directeur commercial de GfK.

Autre moteur de l'industrie, la mobilité et notamment l'électronique dite « embarquée ». Avec le boom des systèmes de navigation (2,5 millions de ventes, soit deux fois plus en un an), le secteur se distingue.

[...] GfK relève que le développement des accessoires nous pousse à toujours dépenser plus. Exemple frappant : les baladeurs numériques qui, avec 537 millions de recettes en France l'an passé, ont aussi généré 126 millions de vente d'accessoires (casques, enceintes, etc.). [...]

Autre moteur qui stimule les achats : les constructeurs ne cessent de renouveler leurs gammes. Là où 26 mois séparaient deux générations de téléviseurs cathodiques, 8 mois suffisent aux écrans LCD pour se moderniser. « Nous nous orientons vers un marché de textile, avec ses modes et ses collections. »

Christophe Séfrin, *20 minutes*,
11/02/2008.

---

 1. Écoutez la présentation et le résumé du document et complétez la transcription par les formules utilisées.   *12 points*

Ce document est .... un site Internet, *20 minutes*, et l'article a été écrit par Christophe Séfrin, le 11 février 2008. Il ....

un sujet économique .... la consommation des Français

........................'équipement électronique et il ....

que .... la baisse du pouvoir d'achat, ce secteur n'est pas en

crise................................ les Français n'aient pas beaucoup d'argent

à dépenser, des études ....'ils achètent ....

produits électroniques : les écrans télé sont toujours en tête, ...

l'électronique mobile, et les produits dérivés. .... les

évolutions sont très rapides, et .... les gens à suivre

la mode.

2. Écoutez l'exposé et cochez les formules qui ont été prononcées. *6 points*

1. a. ❑ c'est-à-dire   b. ❑ à savoir

2. a. ❑ d'un côté   b. ❑ d'une part

3. a. ❑ il est vrai que   b. ❑ il est exact que

4. a. ❑ par le passé   b. ❑ autrefois

5. a. ❑ donc   b. ❑ c'est pourquoi

6. a. ❑ une chose identique arrive   b. ❑ la même chose se passe

7. a. ❑ je vous donne un autre exemple   b. ❑ pour illustration

8. a. ❑ mais d'autre part   b. ❑ mais d'un autre côté

9. a. ❑ peut-être   b. ❑ sans doute

10. a. ❑ vraiment   b. ❑ véritablement

11. a. ❑ en ce qui concerne   b. ❑ quant à

12. a. ❑ pour conclure   b. ❑ en conclusion

Compétences travaillées

• Je peux confirmer
et nuancer mes idées.
• Je peux réagir
aux arguments de l'autre.

3. Écoutez le débat suscité par le document. Lisez les formulations proposées, puis cochez celles qui ont été prononcées par la candidate.

7 points

1. Quand elle hésite sur la réponse (*pour gagner du temps*).

a. ❑ C'est une question difficile…

b. ❑ Eh bien, comment vous répondre…

c. ❑ Eh bien, c'est-à-dire que… comment dire ?

2. Quand elle veut introduire un exemple.

a. ❑ Je vais vous donner un exemple.

b. ❑ Citons un exemple.

c. ❑ Par exemple…

3. Quand elle exprime son désintérêt pour la mode.

a. ❑ Ça ne me touche pas du tout.

b. ❑ Ça ne n'intéresse pas tellement.

a. ❑ Je déteste ça.

4. Quand elle dit ne pas savoir (*une façon de prendre le temps de réfléchir*).

a. ❑ Je sais pas.

b. ❑ Je n'sais pas moi.

c. ❑ Allez savoir !

5. Quand elle nie avec conviction être en marge des autres.

a. ❏ Pas du tout !

b. ❏ Absolument pas !

c. ❏ Non, non.

6. Quand elle n'a pas bien compris la question.

a. ❏ Excusez-moi, vous pouvez répéter ?

b. ❏ Je n'ai pas bien entendu...

c. ❏ Pardon, je n'ai pas bien compris...

7. Quand elle donne raison à son interlocuteur.

a. ❏ Oui c'est vrai.

b. ❏ Oui, vous avez raison.

c. ❏ Tout à fait.

Simulation complète d'une épreuve de production orale

... / 25

 4 Vous dégagerez le problème à l'aide du document ci-dessous.
Vous présenterez votre opinion sur le sujet de manière argumentée
et vous la défendrez dans un débat avec l'examinateur.

Si vous travaillez seul(e), enregistrez-vous. Pour le débat, essayez d'imaginer
les questions de l'examinateur (jouez vous-même les deux rôles).
Pour l'évaluation, appliquez la grille de la page 10. Si vous travaillez avec votre
professeur, celui-ci évaluera la qualité de votre travail. Si vous travaillez
seul(e), en vous réécoutant, essayez d'évaluer votre production en tenant
compte des critères de la grille, p. 10.

Les étiquettes tuent le goût

*À trop se préoccuper des calories, du gras et du sucre, le consommateur oublie
l'essentiel : le plaisir.*

La loi, c'est la loi. De nos jours, les tableaux qui indiquent le nombre de calories
ainsi que les quantités de gras, de sucre et de sel sont légion sur les emballages
des produits alimentaires vendus dans les épiceries. Et ce, pour aider les consommateurs à faire des choix santé, répètent sans relâche les autorités sanitaires
fédérales, à l'origine de cette obligation d'affichage.
[...] « Le problème, c'est qu'en mesurant la qualité d'un aliment uniquement
en fonction de sa teneur en gras, en oméga-3 ou en sel, nous finissons, comme
société, par oublier l'essentiel en matière de nourriture : le goût. » [...]

Fabien Déglise, *Le Devoir*, 21/03/2008.

Comptez vos points

1) Corrigez les exercices 1, 2, 3 et 4 à l'aide des corrigés p. 148. Ils évaluent votre préparation méthodologique à l'épreuve.

Exercices nos	1	2	3	4	Total des bonnes réponses
Nombre de bonnes réponses	... / 25	... / 25	... / 25	... / 25	... / 100

Si vous avez obtenu au moins 80 points (sur 100), vous êtes au niveau B2 pour la préparation à la production orale. Si vous avez entre 50 et 79 points, vous devez encore travailler votre méthode.
Si vous avez moins de 50 points, vous devez beaucoup progresser.
2) Évaluez votre performance dans l'exercice 4 en utilisant la grille d'évaluation du DELF. Elle prend en compte également vos compétences linguistiques (voir p. 10).
1. Monologue suivi : ... / 7   2. Exercice en interaction : ... / 6
3. Compétences linguistiques : ... / 12

Remplissez le portfolio

Remplissez seul(e) le portfolio ou faites-le remplir par votre professeur. Utilisez les signes suivants :
– dans les colonnes BILAN : X = Je peux faire cela. / XX = Je peux faire cela bien et facilement.
– dans les colonnes OBJECTIFS : ! = Ceci est un objectif assez important pour moi. / !! = Ceci est un objectif très important (prioritaire) pour moi.

MES COMPÉTENCES EN PRODUCTION ORALE	BILAN Ce que je sais faire maintenant		OBJECTIFS Ce qu'il me reste à apprendre	
	À mon avis	Selon mon professeur	À mon avis	Selon mon professeur
COMPÉTENCES COMMUNICATIVES				
Monologue suivi				
Je peux dégager le thème du débat et l'introduire. → *Voir les résultats de l'exercice 1, questions 1, 2 et 3* → *Voir les résultats de l'exercice 2, questions 1, 2 et 3* → *Voir les résultats de l'exercice 3, question 1*				
Je sais résumer et reformuler le document. → *Voir les résultats de l'exercice 1, question 4* → *Voir les résultats de l'exercice 2, questions 4 et 5* → *Voir les résultats de l'exercice 3, question 1*				
Je peux dégager une problématique. → *Voir les résultats de l'exercice 1, question 5* → *Voir les résultats de l'exercice 2, question 6* → *Voir les résultats de l'exercice 3, question 1*				
Je peux trouver des arguments et des exemples. → *Voir les résultats de l'exercice 1, question 6* → *Voir les résultats de l'exercice 2, question 7* → *Voir les résultats de l'exercice 3, question 2*				
Je peux enchaîner mes idées. → *Voir les résultats de l'exercice 1, questions 7 et 8* → *Voir les résultats de l'exercice 2, question 8* → *Voir les résultats de l'exercice 3, question 2*				
Débat en interaction				
Je peux confirmer et nuancer mes idées. → *Voir les résultats de l'exercice 3, question 3*				
Je peux réagir aux arguments de l'autre. → *Voir les résultats de l'exercice 3, question 3*				
COMPÉTENCES LINGUISTIQUES				
Lexique – richesse – précision				
Morphosyntaxe – contrôle morphologique – contrôle syntaxique				
Phonétique – intonation – prononciation – vitesse				

Notez les points que vous avez obtenus pour chaque compétence et regardez quelles sont vos compétences fortes et vos compétences faibles.

Écouter B2

• Je peux comprendre une langue orale standard en direct ou à la radio sur des sujets familiers et non familiers, se rencontrant normalement dans la vie personnelle, sociale, universitaire ou professionnelle, même avec un bruit de fond.
• Je peux suivre l'essentiel d'un cours, d'une conférence, d'un discours, d'un rapport si la structure est claire et simple sur un sujet concret ou abstrait.
• Je peux comprendre la plupart des transmissions radiophoniques si la langue utilisée est standard et saisir l'humeur, le ton, etc. des gens qui s'expriment.
• Je peux suivre une discussion d'une certaine longueur et une argumentation complexe.

Mon score pour cette compétence : ... / 50 : 2 = ... / 25

Lire B2

Je peux lire et comprendre des articles et des comptes rendus sur des thèmes d'actualité ou des thèmes culturels concernant la France ou l'espace francophone dans lesquels les auteurs rapportent de manière objective les informations (texte présentatif) ou bien prennent des positions particulières et défendent des attitudes particulières (texte argumentatif).

Mon score pour cette compétence : ... / 50 : 2 = ... / 25

Écrire B2

• Je peux écrire avec fluidité sur des faits ou des expériences réelles ou fictives en donnant suffisamment de détails (capacité narrative).
• Je peux exprimer dans un message/lettre personnel(le) différents sentiments et attitudes, raconter les dernières nouvelles et préciser ce qui, pour moi, est important dans un événement particulier (capacité expressive).
• Je peux exposer un thème sous forme de rédaction ou de lettre et présenter les arguments pour ou contre un point de vue (capacité argumentative).
• Je peux écrire des textes clairs et détaillés sur différents sujets sous forme de rédaction de rapports, d'exposés ou de lettres.

Mon score pour cette compétence : ... / 100 : 4 = ... / 25

Parler B2

S'exprimer oralement en continu
• Je peux comprendre et résumer oralement de courts extraits d'un bulletin d'informations, d'une interview ou d'un reportage contenant prises de positions, arguments et discussions.
• Je peux expliquer mon point de vue sur un problème en exposant les avantages et les inconvénients de diverses options.
• Je peux construire un raisonnement logique et enchaîner mes idées.

Prendre part à une conversation
• Je peux commencer, soutenir et terminer une conversation avec naturel en sachant prendre et céder la parole.
• Je peux motiver et défendre mes opinions dans une discussion avec des explications, des arguments et des commentaires.

Mon score pour cette compétence : ... / 100 : 4 = ... / 25

DÉVELOPPEZ
VOS COMPÉTENCES

Voici la deuxième étape de votre préparation. Dans cette partie, nous vous proposons de vous entraîner aux épreuves d'examen, en faisant des exercices sur des sujets types qui embrassent un peu tout le champ des possibles, aussi bien du point du vue des thèmes que des genres textuels proposés. Les activités sont guidées afin d'améliorer aussi vos compétences méthodologiques.

Qu'est-ce qu'on vous demande ?

COMPRÉHENSION DE L'ORAL

Vous vous entraînerez sur six documents vous permettant de travailler sur des genres différents : informations radio, reportages, interview, conférence, entretien. Les thématiques sont également variées afin de couvrir le plus de champs lexicaux possibles. Pour chaque document, des écoutes successives vous permettent de comprendre d'abord l'essentiel, puis d'affiner sur les détails.

COMPRÉHENSION DES ÉCRITS

Vous vous entraînerez sur quatre documents issus des journaux ou revues français ou francophones, recouvrant les grands domaines de l'information : économie et société, sport et culture. Pour chaque texte, présentatif ou argumentatif, vous suivrez pas à pas une méthodologie de lecture que vous pourrez ensuite appliquer à tout texte.

PRODUCTION ÉCRITE

Vous vous entraînerez sur six genres de textes abordant des thématiques variées. Dans une première partie, les activités concernent la prise de position personnelle (participer à forum, écrire au courrier des lecteurs) ; dans la deuxième partie, vous approfondirez la rédaction des lettres formelles (de réclamation, de plainte, de motivation, de réponse). La lettre formelle exige une attention à la forme spécifique et elle est par conséquent travaillée plus en profondeur.

PRODUCTION ORALE

Trois sujets d'exposé susceptibles de débat vous seront proposés sur des thématiques variées (technologies, éducation, société). Au fur et à mesure des progrès, le parcours est de moins en moins guidé.

Quelques conseils pour vous aider

● Suivez pas à pas les activités proposées pour chaque compétence.
● À la fin de chaque compétence, revenez sur les exercices que vous avez mal compris ou que vous avez trouvés difficiles.
● N'hésitez pas à utiliser le dictionnaire pour vérifier le sens, chercher des mots de la même famille, chercher des synonymes.
● Complétez votre carnet de vocabulaire lorsque vous découvrez des mots nouveaux (notez-les toujours avec l'article, ou bien avec ses compléments types s'il s'agit d'un verbe).

Les documents proposés pour vous entraîner sont authentiques, le plus souvent radiophoniques.
Il y a des différences importantes entre les documents écrits qui sont lus oralement,
le discours préparé mais qui n'est pas lu ou le discours complètement spontané.
Les textes écrits lus, comme le journal radio, les chroniques ou une conférence lue, etc.
ont une syntaxe claire, mais une vitesse d'élocution souvent rapide, et peu de redondances.
Les discours publics, comme une conférence parlée ou un cours, sont longs mais sans doute plus
clairs et redondants, car le but est de faciliter la transmission du message.
Les discours spontanés sont moins denses (il y a des pauses, des reprises), mais parfois moins
clairs, car le locuteur peut hésiter un peu. Au niveau B2 cependant, vous aurez des documents qui
entrent dans la définition de langue standard (pas de langue trop familière, pas trop d'expressions
idiomatiques).
Vous trouverez souvent dans les documents une typologie mixte. Par exemple, une introduction
à l'émission qui est lue, puis des interventions où les personnes parlent plus spontanément.

Comment s'entraîner ?

Pour vous entraîner à la compréhension de l'oral, faites les activités proposées sur
quatre documents courts et trois documents longs. Nous vous proposons plus de questions
sur chaque document que celles que vous aurez le jour de l'examen et plus d'écoutes,
afin d'aboutir à une compréhension fine. Pour mieux voir quelle est votre compréhension réelle,
ne lisez pas les questions précises avant d'écouter.
Écoutez toujours le document une fois dans son entier, en vous concentrant bien. À la fin
de cette écoute, avant de répondre, essayez de résumer ce que vous avez compris.
Si, au bout des écoutes proposées, vous n'arrivez toujours pas à comprendre un passage, utilisez
la transcription tout en réécoutant. Dans les transcriptions, tous les phénomènes
de l'oral ne sont pas reproduits (hésitations, petites erreurs, etc). C'est seulement un support écrit
qui facilitera votre décodage.
Si vous disposez d'un programme informatique qui peut ralentir la vitesse, utilisez-le.
Pour poursuivre votre entraînement, écoutez les reportages d'Euronews (il y a toujours
la transcription écrite) http://www.euronews.net/fr, ou bien écoutez les différentes radios
thématiques à choisir sur le site de Radio France http://www.radiofrance.fr.

Quelles stratégies pour l'oral ?

L'écoute préalable de tout le document est importante, car des informations de la fin peuvent
vous aider à déduire des informations du début que vous n'avez pas saisies. Ne vous effrayez pas
s'il vous manque quelques mots. Comme dans votre langue maternelle, vous pouvez déduire
le sens de mots que vous n'avez pas bien entendus en fonction du contexte.
Apprenez à repérer le ton. Par exemple, les informations moins importantes, qui à l'écrit seraient
en incise, sont toujours prononcées sur un ton plus bas. Dans les textes lus, souvent, il n'y a pas
de pause entre une phrase et l'autre, c'est le ton descendant qui vous signale la fin de la phrase.
Dans le discours lu, le journaliste souligne souvent les mots-clés par une accentuation plus forte
et parfois irrégulière sur le début des mots. Apprenez à les repérer.
Lorsqu'on vous demande une lecture sélective (repérer des chiffres, des sigles, un nom, etc.),
concentrez-vous bien car souvent les questions proposent des solutions très proches.
Votre connaissance des nombres, des noms de pays et de villes et de leurs habitants, des sigles
principaux doit être parfaite.
Ne vous laissez pas inquiéter par les formes syntaxiques de l'oral spontané : absence du « ne »
de négation, utilisation majeure des structures présentatives (c'est... qui/que, ce que je veux faire,
c'est..., si X, c'est parce que...), hésitations et reprises.

Bonne écoute !

VOS COMPÉTENCES

Des informations

 1 Écoutez ce bulletin d'informations régionales (France Info Lyon) de la ville de Lyon, située sur les rives du Rhône et de la Saône. Suivez les étapes qui guident votre écoute.

Comprendre l'essentiel

1. Écoutez tout le document (*sans lire les questions*), puis répondez aux questions.

1. Quel est le thème de chaque nouvelle : politique intérieure, politique extérieure, économie, société, culture, sport. (*Parfois il peut y avoir deux réponses.*)

Nouvelle 1 : ....

Nouvelle 2 : ....

Nouvelle 3 : ....

2. Quel est le thème plus précis de la nouvelle 1 ?

a. ❏ Les difficultés sociales dans les banlieues.

b. ❏ La culture dans les banlieues.

c. ❏ Le problème des banlieues en Europe.

3. Quel est le thème plus précis de la nouvelle 2 ?

a. ❏ L'inauguration des Vélib' à Paris.

b. ❏ La primeur de Lyon dans l'offre de vélos en libre-service par rapport à Paris.

c. ❏ L'inauguration du même service dans beaucoup de villes d'Europe.

4. Quel est le thème plus précis de la nouvelle 3 ?

a. ❏ L'ouverture d'un festival de théâtre.

b. ❏ L'ouverture d'un festival de musique classique.

c. ❏ L'ouverture d'un festival mixte (théâtre + musique).

Comprendre plus finement (nouvelle 1)

2. Écoutez une deuxième fois la nouvelle 1. Vérifiez vos précédentes réponses. Puis répondez aux nouvelles questions.

1. L'Europe s'intéresse-t-elle à la culture dans les banlieues ?

a. ❏ Oui.   b. ❏ Non.

2. Où se trouvait le Réseau banlieue d'Europe ?

a. ❏ Lyon.   b. ❏ Strasbourg.

3. Où va-t-il s'installer ?

a. ❏ Lyon.   b. ❏ Strasbourg.

4. Combien de membres comporte-t-il ?

a. ❏ Plus de 100.   b. ❏ Entre 100 et 300.   c. ❏ Plus de 300.

5. Quel type de personnes sont impliquées dans ce Réseau ?

a. ❏ Les jeunes des banlieues.

b. ❏ Les professionnels de la culture voulant investir dans les banlieues.

c. ❏ Les responsables politiques des banlieues.

6. Quelle manifestation a influencé le choix du Réseau ? . . . .

Comprendre « presque » tout

3. Écoutez une troisième fois la nouvelle 1. Corrigez vos réponses aux questions de l'activité 1 et répondez aux nouvelles questions.

1. Par quelles expressions désigne-t-on les « banlieues » dans le document.
(Plusieurs réponses.)

a. ❏ Quartiers pauvres.   d. ❏ Cités.

b. ❏ Quartiers défavorisés.   e. ❏ Périphéries urbaines.

c. ❏ Quartiers à risque.   f. ❏ Quartiers en difficulté.

2. Qui a fait le choix d'une nouvelle ville pour le siège de l'association ?

. . . .

3. Tous les combien se déroule la manifestation culturelle citée ? . . . .

Comprendre plus finement (nouvelle 2)

4. Écoutez une deuxième fois la nouvelle 2. Vérifiez vos réponses aux questions de l'activité 1. Puis répondez aux nouvelles questions.

1. Quel événement a lieu ce dimanche 15 juillet ? . . . .

2. Que se passe-t-il aussi ce jour-là ? . . . .

3. Quand la ville de Lyon a-t-elle offert le même service ? . . . .

4. Quelques chiffres :

– le nombre de vélos disponibles en juillet :

a. ❏ 60 000.   b. ❏ 3 000.   c. ❏ 4 000.

– le nombre d'abonnés : . . . .

– l'augmentation du trafic cycliste : . . . .

5. Est-ce que l'Europe seulement est intéressée par ce système ?

a. ❏ Oui.   b. ❏ Non.

Justification : . . . .

Comprendre « presque » tout

5. Écoutez une troisième fois la nouvelle 2. Corrigez vos précédentes réponses et répondez aux nouvelles questions.

1. Que désigne la périphrase « la petite reine » ? . . . .

2. Expliquez, d'après les informations présentes dans la nouvelle, en quoi consiste le service de vélos en libre-service à Lyon.

....

....

Comprendre plus finement (nouvelle 3)

6. Écoutez une deuxième fois la nouvelle 3. Vérifiez vos réponses aux questions de l'activité 1. Puis répondez aux nouvelles questions.

1. L'événement mentionné aura lieu :

a. ❏ à l'air libre.   **b.** ❏ sous un chapiteau.   **c.** ❏ dans un théâtre.

Justification : ....

2. Il y a aura aussi des œuvres contemporaines.

a. ❏ Vrai.   **b.** ❏ Faux.   **c.** ❏ On ne sait pas.

3. Combien de soirées y aura-t-il ? ....

Comprendre « presque » tout

7. Écoutez une troisième fois la nouvelle 3. Corrigez vos précédentes réponses et répondez aux nouvelles questions.

1. Où se trouve le parc de la Tête d'Or ? ....

2. Que signifie « à la tombée de la nuit » ?

a. ❏ La nuit est tombée.

b. ❏ La nuit est en train de tomber.

c. ❏ La nuit va tomber.

3. Quelles sont les deux œuvres citées ? ....

Des reportages

2 Écoutez ce reportage fait sur Euronews. Comme c'est souvent le cas pour un reportage vidéo, il y a une musique de fond. Une personne interviewée parlant anglais est également doublée en français. Entraînez-vous à comprendre malgré ces petits handicaps.

Comprendre l'essentiel

1. Écoutez tout le document *(sans lire les questions)*, puis répondez aux questions.

1. Quel est le thème général du reportage ? ....

2. Quel pays est pris en exemple ?

a. ❏ La France.   **b.** ❏ La Suisse.   **c.** ❏ La Suède.

3. Qu'est-ce que le biogaz ?

a. ❏ Du gaz qui ne pollue pas.

b. ❏ Du gaz fait à partir de matières organiques.

c. ❏ Du gaz fossile.

Comprendre plus finement

2. Écoutez une deuxième fois le reportage. Corrigez vos précédentes réponses et répondez aux nouvelles questions.

1. Est-ce qu'il existe déjà des unités de fabrication du biogaz ?

a. ❏ Oui.

b. ❏ Non.

c. ❏ Oui bientôt.

2. Quelle utilisation fait-on de ce biogaz ? Cochez plusieurs réponses.

a. ❏ Chauffer les maisons.

b. ❏ Alimenter les cuisinières à gaz.

c. ❏ Faire de l'électricité.

d. ❏ Alimenter les transports.

e. ❏ Réfrigérer.

3. Laquelle de ces utilisations est typique du pays dont on parle ? ....

4. Qui fournit les déchets ? ....

5. Comment sont acheminés les déchets ?

a. ❏ Par le train.

b. ❏ Par des camions roulant au gaz.

c. ❏ Par des camions roulant au biogaz.

Comprendre « presque » tout

3. Écoutez une troisième fois. Corrigez vos précédentes réponses et répondez aux nouvelles questions.

1. L'usine de biogaz est financée :

a. ❏ avec des fonds privés.   **b.** ❏ avec des fonds publics de l'État.

c. ❏ avec des fonds de l'Union européenne.

2. Combien de mégawatts sont produits par an ? ....

3. Quelle est l'attitude de la personne interviewée ?

a. ❏ Pas satisfaite.   **c.** ❏ Satisfaite.

b. ❏ Peu satisfaite.   **d.** ❏ Très satisfaite.

3 Écoutez ce reportage qui unit une présentation de la journaliste, Laetitia Bernard, et la conversation que celle-ci a eue avec la jeune femme interviewée. Vous devez comprendre à la fois le français standard parlé spontanément et une langue plus soutenue orale.

Comprendre l'essentiel

1. Écoutez tout le document *(sans lire les questions)*, **puis répondez aux questions.**

1. Quel est le thème de l'émission du jour ? ....

2. À quelle occasion correspond ce reportage ?

a. ❑ Une action gouvernementale à la suite d'un rapport.

b. ❑ Des recherches d'associations non gouvernementales.

c. ❑ La sortie d'un livre témoignage d'un chanteur.

3. Qui est la personne interrogée dans ce passage ?

a. ❑ Linda.   **b.** ❑ Brahim.   **c.** ❑ Gilbert Montagné.

4. Que veut montrer la journaliste ?

a. ❑ Les handicapés visuels ont de grosses difficultés à vivre aux côtés des voyants.

b. ❑ Les handicapés visuels doivent vivre ensemble pour s'entraider.

c. ❑ Les handicapés visuels peuvent avoir une vie très active et presque normale.

Comprendre plus finement

2. Écoutez une deuxième fois le reportage. Corrigez vos précédentes réponses et répondez aux nouvelles questions.

1. Quelles sont les trois propositions du rapport ? Cochez les bonnes réponses.

a. ❑ Fédérer les associations de non-voyants.

b. ❑ Créer une association pour les parents d'enfants handicapés.

c. ❑ Créer un centre où les parents d'enfants handicapés peuvent téléphoner.

d. ❑ Doubler les films avec description des images sans dialogue.

e. ❑ Sous-titrer les films.

f. ❑ Ajouter une aide vocale sur les appareils électroménagers.

g. ❑ Mettre tous les appareils de la vie quotidienne en réseau avec commande sur l'ordinateur.

2. À quelle heure Linda reçoit-elle la journaliste ?

a. ❑ Le matin.   **b.** ❑ À midi.   **c.** ❑ L'après-midi.

Trouvez deux justifications :

a. ....

b. ....

3. Quel âge a Linda ?

a. ❑ 20 ans.   **b.** ❑ 21 ans.   **c.** ❑ 34 ans.

4. Quelles études a-t-elle faites ? ....

5. Quel métier fait-elle ?

a. ❑ Informaticienne.   **b.** ❑ Employée.   **c.** ❑ Enseignante dans une école pour aveugles.

6. Où habite Linda ? *(Plusieurs réponses.)*

a. ❑ À Paris.   **c.** ❑ Un grand appartement.

b. ❑ En banlieue.   **d.** ❑ Un petit appartement.

7. À quel étage habite-t-elle ? ....

8. Elle monte à pied chez elle.

a. ❑ Vrai.   **b.** ❑ Faux.

Justification : ....

9. Linda est-elle :

a. ❑ aveugle.   **b.** ❑ malvoyante.

10. Elle peut entrevoir :

a. ❑ les formes.   **b.** ❑ les couleurs.   **c.** ❑ les distances.

11. Comment Linda choisit-elle ses vêtements ?

a. ❑ Elle achète tout ce qu'elle aime et elle combine ses vêtements au moment de s'habiller.

b. ❑ Elle achète des vêtements coordonnés et elle les met (presque) toujours ensemble.

c. ❑ Elle achète des vêtements qui ont tous la même couleur.

12. Pourquoi Linda est-elle soucieuse de s'habiller correctement ?

a. ❑ Par politesse par rapport aux autres.

b. ❑ Par coquetterie personnelle.

c. ❑ Par habitude.

13. Pourquoi Linda hésite-t-elle à se maquiller ?

a. ❑ Par goût.   **b.** ❑ Par peur de mal faire.   **c.** ❑ Par principe.

14. Quelle solution évoque la journaliste pour reconnaître les aliments ?

....

15. Pour quelles raisons Linda n'agit pas ainsi ?

....

16. Quelle activité arrive à faire Linda qui surprend la journaliste ? Quel en est le risque évoqué ?

....

Comprendre « presque » tout

3. Écoutez une troisième fois. Corrigez vos précédentes réponses et répondez aux nouvelles questions.

1. Pourquoi la journaliste dit-elle « si on a le temps, je veux bien un café » ?

....

2. Où Linda regarde-t-elle l'heure ?

a. ❑ Sur sa montre en braille.

b. ❑ Sur son horloge murale.

c. ❑ Sur son ordinateur (= bloc-notes).

3. Quelles sont les trois difficultés de maquillage pour la jeune femme ?

a. ....

b. ....

c. ....

4. Par quelle expression la jeune femme dit-elle qu'elle préfère les produits frais ?

....

5. Quelles sont les trois activités que peut faire la jeune femme en repassant ?

a. ....

b. ....

c. ....

(Expliquez en quoi cela consiste.)

Une interview témoignage

4 Écoutez l'interview de Vivien faite par un membre de l'Alliance française. Les deux personnes se connaissent.

Comprendre l'essentiel

1. Écoutez tout le document *(sans lire les questions)*, puis répondez aux questions.

1. Qui est Vivien ? ....

2. Où est-il ? ....

3. Qu'y a-t-il fait ? ....

4. Quand se passe l'interview ? ....

Comprendre plus finement

2. Écoutez une deuxième fois l'interview. Corrigez vos précédentes réponses et répondez aux nouvelles questions.

1. Vivien étudie :

a. ❏ l'économie.   b. ❏ la communication.   c. ❏ les sciences politiques.

2. Pourquoi fait-il un stage à l'étranger ?

....

3. Pourquoi a-t-il choisi Venise ? *(Plusieurs réponses.)*

a. ❏ Pour la notoriété de la ville.

b. ❏ Pour la richesse artistique.

c. ❏ Parce qu'il y a des amis.

d. ❏ Parce qu'il y apprend l'italien.

e. ❏ Parce que c'est une ville sans voitures.

f. ❏ Parce que le stage était à l'Alliance française.

4. En quoi consistait son travail ? *(Plusieurs réponses.)*

a. ❏ Secrétariat.

b. ❏ Bibliothèque.

c. ❏ Communication avec l'extérieur.

d. ❏ Programmation.

e. ❏ Promotion de l'Alliance.

5. Qu'apprenez-vous sur la rencontre-cinéma ?

....

6. Comment Vivien a-t-il connu d'autres jeunes ?

a. ❏ Par son travail.

b. ❏ Grâce à son mode de logement.

c. ❏ Par l'Ambassade de France.

7. D'où viennent ces jeunes ? ....

8. Qu'est-ce qui prouve que Vivien est content de son expérience ?

a. ❏ Il la prolonge.

b. ❏ Il revient l'an prochain.

c. ❏ Il a trouvé un remplaçant.

9. Qui le remplacera ? ....

10. Est-ce que Vivien souhaite repartir à l'étranger ?

a. ❏ Oui.   **b.** ❏ Non.   **c.** ❏ Ce n'est pas dit.

11. Où ne souhaite-t-il pas aller ? ....

12. Quelles sont les deux modalités citées pour repartir à l'étranger ?

a. ....

b. ....

Comprendre « presque » tout

3. Écoutez une troisième fois. Corrigez vos précédentes réponses et répondez aux nouvelles questions.

1. Quel est le mot utilisé par Vivien pour parler de la ville, synonyme de prestige ?

....

2. Vivien travaille à deux endroits : l'Alliance française et ....

3. Est-ce que Vivien s'attribue tout le mérite des nouvelles adhésions ?

Justifiez par une phrase du document : ....

....

4. Quelle expression utilise Vivien pour dire que les informations sur le stage de Venise circulent ?

....

5. Quelle expression utilise Vivien pour dire qu'il aime l'Europe ? ....

Une conférence

5 Écoutez cet extrait enregistré lors d'un colloque sur la francophonie. La romancière québécoise, Marie-Claire Blais, répond aux questions d'Anne de Vaucher, spécialiste de littérature francophone.

Comprendre l'essentiel

1. Écoutez tout le document *(sans lire les questions)*, puis répondez aux questions.

1. À propos de quoi Anne de Vaucher demande-t-elle à l'écrivaine ce qu'elle en pense ?

a. ☐ Une biographie écrite par Suzette Lagacé.

b. ☐ Un essai écrit par Suzette Lagacé.

c. ☐ Un film réalisé par Suzette Lagacé.

2. Quelle est, selon Anne de Vaucher, la constante la plus profonde de l'œuvre romanesque de Marie-Claire Blais ?

a. ☐ Peindre la beauté du monde.

b. ☐ Montrer la quête de la lumière chez les hommes.

c. ☐ Dénoncer le mal fait par les hommes.

3. Quelle vision l'écrivaine a-t-elle du rôle de l'écrivain ?

a. ☐ Transmettre ce qu'il voit afin d'approfondir et d'aller plus loin.

b. ☐ Exprimer son âme.

c. ☐ S'intéresser au destin tragique de l'homme, de passage sur cette terre.

4. Faut-il s'enfermer dans le pessimisme selon Marie-Claire Blais ?

a. ☐ Oui, car l'homme est en train de détruire la terre.

b. ☐ Oui, car il n'y a pas d'espoir dans ce monde cruel.

c. ☐ Non, car il y a des gens positifs et on peut avoir confiance dans l'avenir.

Comprendre plus finement

2. Écoutez une deuxième fois le reportage. Corrigez vos précédentes réponses et répondez aux nouvelles questions.

1. Le film de Suzette Lagacé :

a. ❏ a été présenté lors d'un congrès l'année précédente.

b. ❏ a été présenté le matin de ce colloque.

c. ❏ sera présenté lors de ce colloque.

2. Ce film donne une vision de Marie-Claire Blais :

a. ❏ optimiste.   b. ❏ pessimiste.   c. ❏ mitigée.

3. Anne de Vaucher :

a. ❏ partage cette analyse.   b. ❏ conteste cette analyse.

4. Quelle image a l'écrivaine du monde ?

a. ❏ Un monde immobile qui n'a pas d'âge.

b. ❏ Un monde qui évolue sans cesse.

c. ❏ Un monde qui souffre du passé.

5. Quelles facultés ont les écrivains ?

a. ❏ Expliquer le passé.

b. ❏ Montrer le présent.

c. ❏ Anticiper l'avenir.

6. Comment Marie-Claire Blais nomme-t-elle notre terre ? ....

7. Quand elle parle de destruction de notre terre, Marie-Claire Blais parle :

a. ❏ du problème écologique.

b. ❏ du problème politique avec l'expansion du fascisme.

c. ❏ d'un problème moral concernant les attitudes humaines.

Comprendre « presque » tout

3. Écoutez une troisième fois. Corrigez vos précédentes réponses et répondez aux nouvelles questions.

1. D'après ce que sous-entend Anne de Vaucher, l'œuvre de jeunesse de l'écrivaine est-elle lumineuse ?

a. ❏ Oui.   b. ❏ Non.

Justification : ....

2. Quelle caractéristique Marie-Claire Blais a-t-elle acquise en « Amérique », c'est-à-dire aux États-Unis ? (*dont les interlocuteurs venaient de parler*)

....

3. Par quelle expression Anne de Vaucher reprend-elle son idée : les hommes détruisent le monde ?

....

4. Qui « n'a pas d'âge » selon Marie-Claire Blais ?

a. ❑ La littérature, qui redit toujours la même chose au long des siècles.

b. ❑ La condition de l'écrivain, conscient du monde dans lequel il est en sachant aller au-delà des apparences.

c. ❑ Les grands écrivains, comme Kafka et Dostoïevski, qui ont encore quelque chose à dire au public d'aujourd'hui.

5. Quel est le risque pour l'écrivain qui est lucide et dit la vérité ?

....

6. Que dénonce Marie-Claire Blais dans sa trilogie *Soifs*, *Dans la Foudre et la lumière* et *Augustino ou le chœur de la destruction* ?

a. ....

b. ....

c. ....

7. Par quels moyens littéraires, Marie-Claire Blais peut-elle transmettre sa confiance dans l'avenir ?

....

Un entretien

6 Voici l'intégralité d'une émission présentée sur France Info par le journaliste, Michel Polacco, qui reçoit le philosophe et académicien, Michel Serres, invité à donner son opinion sur le sujet de la semaine.

Comprendre l'essentiel

1. Écoutez tout le document *(sans lire les questions)*, **puis répondez aux questions.**

1. De quel type d'émission s'agit-il ?

a. ❑ Une émission hebdomadaire.

b. ❑ Une émission journalière.

c. ❑ Une émission unique.

2. Quel sujet de discussion propose Michel Polacco à Michel Serres ?

a. ❑ Le scoutisme.

b. ❑ L'évolution de la langue.

c. ❑ L'utilité des dictionnaires.

3. En qualité de quoi Michel Serres parle-t-il ce jour-là ?

a. ❑ En qualité de philosophe.

b. ❑ En qualité de membre de l'Académie française.

c. ❑ En qualité de spécialiste sportif.

4. Peut-on introduire un mot nouveau dans le dictionnaire sans l'autorisation de l'Académie ?

a. ❑ Oui.   **b.** ❑ Non.   **c.** ❑ Ce n'est pas dit.

5. À quels domaines appartiennent les exemples de mots fournis par Michel Serres pour faire comprendre le travail sur la langue française ?

a. ❑ Domaine de l'économie.

b. ❑ Domaine des métiers.

c. ❑ Domaine de la culture.

d. ❑ Domaine du sport.

e. ❑ Domaine de l'enseignement.

f. ❑ Domaine des loisirs.

g. ❑ Domaine de la santé.

h. ❑ Domaine de la politique.

2. Écoutez une deuxième fois le reportage. Corrigez vos précédentes réponses et répondez aux nouvelles questions.

1. Pourquoi faut-il créer des mots nouveaux ?

a. ❑ Pour s'adapter au langage des jeunes.

b. ❑ Pour s'adapter aux influences étrangères.

c. ❑ Pour désigner tout ce qui est créé par le développement des sciences et techniques.

2. Quelles sont les trois raisons invoquées par Michel Serres qui expliquent l'évolution de la langue ?

a. Premièrement ....

b. Deuxièmement ....

c. Troisièmement ....

3. Que désigne le mot « armaturier » ?

a. ❑ Celui qui manie les armes.

b. ❑ Celui qui arme le béton.

c. ❑ Celui qui équipe un navire.

4. Le mot « ovalie » est comparé à quel autre mot ? ....

5. Quel est le sens du mot « ovalie » ? ....

6. Le mot « sauveté » a-t-il été inventé récemment ?

a. ❑ Oui.

b. ❑ Non.

7. Le mot a disparu :

a. ❑ au Moyen Âge.

b. ❑ au siècle des Lumières.

c. ❑ au XIXe siècle.

8. Associez à chaque mot son type de formation.

1. armaturier •

2. ovalie •

3. sauveté •

    • **a.** création

    • **b.** reprise

9. Avant l'Académie française, qui s'intéresse à la terminologie ? ....

10. Quelles ont été les langues de communication au cours des siècles citées par M. Serres ?

a. ....   **b.** ....   **c.** ....

d. ....   **e.** ....

11. Ce travail sur la langue française est-il pour Michel Serres :

a. ❑ pénible ?   **b.** ❑ fantaisiste ?   **c.** ❑ exaltant ?

Comprendre « presque » tout

3. Écoutez une troisième fois. Corrigez vos précédentes réponses et répondez aux nouvelles questions.

1. Quelle expression avait utilisée Michel Serres pour décrire les scouts ?

....

2. À quoi Michel Polacco compare-t-il le dictionnaire de l'Académie ? ....

3. Quand est parue la dernière édition du dictionnaire Larousse ? ....

4. Qu'arrive-t-il aux professeurs de sciences ? ....

5. Comment s'appellent ceux qui récupèrent les vieux métaux ? ....

6. Dans quel domaine professionnel l'évolution est-elle la plus rapide ?

....

7. Quel est le sport préféré de Michel Serres ? ....

8. Le mot « sauveté » désigne :

a. ❑ tout ce qui concerne la sécurité des médicaments et des techniques.

b. ❑ tout ce qui concerne la sécurité liée au personnel soignant et à l'organisation.

9. Qu'entend-on par « esperanto scientifique » ?

....

10. Par quel mot Michel Serres désigne-t-il le processus de retour d'un mot existant qui avait disparu ? ....

11. Définissez le mot « adoubement » tel qu'il est utilisé par les deux locuteurs.

....

12. En quoi le travail sur la terminologie est-il « discret » ?

....

Vous trouverez quatre textes d'entraînement pour développer vos compétences de lecture, deux argumentatifs et deux présentatifs.
Les activités proposées reprennent la typologie des questions de l'examen.
S'y ajoutent quelques activités vous guidant dans la compréhension.
Soyez particulièrement attentif(ve) aux compétences pour lesquelles vous avez eu des difficultés.

Comment procéder ?

1. Comprendre le sens général

N'oubliez pas de lire en entier le texte avant de commencer à répondre. Ne vous précipitez pas sur les questions mais appliquez-vous à :
– identifier la source et le destinataire ;
– comprendre les titres, sous-titres et chapeaux ;
– repérer l'idée générale du texte, la structure du texte, les différents locuteurs (s'il y a du discours rapporté).
Des questions vous y aideront.

2. Comprendre la langue

Ce sont des questions d'explicitation du sens des mots et d'expressions.
Si vous ne connaissez pas la réponse, essayez de deviner le sens d'après le contexte.
Puis consultez un dictionnaire et transcrivez les mots nouveaux pour les mémoriser.
Faites le même travail sur les mots ou expressions que vous ne connaissez pas, même si aucune question n'est posée. Vos textes d'entraînement doivent être compris à 100 %.

3. Comprendre le contenu de façon approfondie

Il s'agit de comprendre des passages plus précis et d'identifier le ton et les intentions de celui qui écrit, en sachant comprendre aussi des informations implicites.

En général le jour de l'examen, suivez la technique suivante :
– lisez l'ensemble des questions avant de répondre ;
– répondez en suivant l'ordre des questions, en revenant chaque fois au texte pour vérifier votre réponse ;
– faites un brouillon pour les questions impliquant une reformulation, de façon à pouvoir réfléchir davantage sur ce que vous avez écrit, puis contrôlez si vous n'avez pas fait d'erreurs de distraction ;
– relisez une dernière fois l'ensemble du document et vérifiez vos réponses.

Pour perfectionner votre entraînement, référez-vous aux sites des journaux francophones.
France métropolitaine : *Le Monde* : www.lemonde.fr ; *Le Figaro* : www.lefigaro.fr ; *Libération* : www.liberation.fr ; *L'Express* : www.lexpress.fr ; *Le Nouvel Observateur* : tempsreel.nouvelobs.com ; *Le Point* : www.lepoint.fr
Suisse : *Le Temps* : www.letemps.ch ; *La Tribune de Genève* : www.tdg.ch
Site de toutes les publications de la presse du Suisse romande :
www.suisse-romande.com/journaux-magazines-suisse-romande.html
Belgique : *La libre Belgique* : www.lalibre.be ; *Le soir* : www.lesoir.be/splash.html
Le Vif (l'Express) : www.levif.be
Québec : *Le Devoir* : www.ledevoir.com/index.html ; *Cyber presse* : www.cyberpresse.ca
Site de toutes les publications de la presse canadienne de langue française :
www.agendaquebec.ca/journaux.html
Outremer : Portail de l'Outremer : www.outremer.com ; Portail sur l'Afrique : www.afrik.com
Site francophone : www.presse-francophone.org/gazette/sommaires.htm

VOS COMPÉTENCES

Sciences

1 Lisez ce texte présentatif.

CHANGEMENTS CLIMATIQUES

Les tropiques sont un maillon essentiel pour comprendre

1 *La recherche sur les changements climatiques a tout intérêt à s'amplifier à la Réunion, et dans la zone océan Indien. D'abord, parce que les îles tropicales sont particulièrement vulnérables face au réchauffement climatique. Ensuite, parce que les tropiques, et donc notre région, sont propices aux observations scientifiques, à la compréhension du phénomène. Le Symposium international*
5 *sur l'état et l'évolution de l'atmosphère (qui s'est déroulé du 5 au 9 novembre) jette les bases d'une plus grande coopération mondiale.*

Le Grenelle de l'Environnement[1] a permis de le confirmer : la Réunion est particulièrement en avance dans le domaine des énergies renouvelables. Elle pourrait bien l'être aussi dans un autre domaine, celui de la recherche sur les changements climatiques. La situation de la Réunion, au
10 sein de la zone océan Indien, est une position idéale pour l'étude de ce phénomène, pour tenter de mieux en comprendre les causes et les évolutions. Ce n'est pas vraiment une découverte pour la communauté scientifique, les tropiques sont des lieux d'étude incontournables pour mieux connaître l'état et l'évolution de l'atmosphère. Mais si les recherches se focalisaient jusqu'à présent sur les régions polaires, c'est, confie Hassan Benchérif, « pour des raisons économiques
15 qui intéressent les régions tempérées ». « Pour mieux comprendre comment les changements vont arriver, poursuit le chercheur, l'impact qu'ils auront sur la planète, il faut s'intéresser au moteur de la circulation atmosphérique qui se trouve au niveau des tropiques ».
Plus de 90 scientifiques de 15 nationalités différentes ont participé à ce premier Symposium organisé par le professeur Hassan Benchérif, Directeur adjoint du LACy (Laboratoire de l'atmo-
20 sphère et des cyclones). Depuis 1992, le LACy effectue des mesures continues des paramètres atmosphériques avec le CNRS[2], l'Université et Météo France. Une trentaine de chercheurs ainsi que des étudiants en Master ou en Thèse travaillent au sein de ce laboratoire et en partenariat avec des scientifiques de l'Inde ou encore de l'Afrique du Sud, au total, 6 laboratoires de l'océan Indien. « Le LACy est arrivé à un degré de maturité, à la fois de recherche et d'observation, qui
25 permettait d'organiser un symposium de ce genre à la Réunion », précise Hassan Benchérif. Le LACy avait donc une vraie légitimité à organiser cette rencontre de la communauté scientifique sur le rôle des tropiques dans les changements climatiques. C'est en effet à la Réunion que les premières études ont été entreprises pour le tropique Sud. Des études qui intéressent de plus en plus la communauté scientifique internationale. [...]
30 À la clôture de ce symposium, les chercheurs ont évoqué « l'obligation territoriale de recherche dans l'océan Indien ». Une obligation que la Réunion a les moyens de prendre en charge [...]. C'est le sens de ce symposium qui a permis de planifier les thèmes de recherche à venir.
« Nous allons renforcer la coopération dans la zone océan Indien, notamment avec l'Inde et l'Afrique du Sud, car nous manquons de mesures sur le rôle de l'eau dans le réchauffement
35 climatique. Cette rencontre était d'ailleurs l'occasion de rassembler les connaissances sur ce sujet. [...]
En 2010, la Réunion va disposer d'un nouvel outil pour la recherche : l'Observatoire de physique (OPAR), installé sur le site du Maïdo, sera équipé d'instruments pour mesurer la température jusqu'aux aérosols, le vent, l'évolution de la dynamique stratosphérique et la vapeur d'eau.
40 L'objectif est aussi de donner une visibilité internationale à cet observatoire, lui donner la possibilité d'accueillir des expériences internationales. [...]

Édith Poulbassia, *Témoignages*, 10/11/2007.

1. Rencontres organisées par le gouvernement français avec des partenaires s'occupant des problèmes environnementaux afin de définir des orientations favorisant l'écologie.
2. Centre National de la Recherche Scientifique.

Comprendre le sens général

Identifier la source et le thème à travers titre et chapeau

1. Répondez aux questions.

1. De quel journal est tiré l'article ? ....

2. Est-ce que l'article est signé ? Est-ce important ?

....

....

3. Où se trouve la Réunion ? Lisez le chapeau pour vérifier.

....

4. Identifiez le thème de l'article, à partir du titre de la rubrique et du titre de l'article.

....

....

Lire et dégager le thème général

2. Cochez la bonne réponse.

1. Quelle manifestation a été organisée à la Réunion ?
a. ❑ le Grenelle de l'environnement
b. ❑ une rencontre internationale sur les problèmes de l'atmosphère
c. ❑ l'inauguration du laboratoire de Maïdo

2. Qui a organisé cette rencontre ?
a. ❑ le Laboratoire de l'Atmosphère et des Cyclones (LACy)
b. ❑ le CNRS
c. ❑ l'Observatoire de physique (OPAR)

3. Cette manifestation a regroupé :
a. ❑ des spécialistes du CNRS de France et de la Réunion.
b. ❑ des scientifiques de plusieurs pays.
c. ❑ des scientifiques de l'océan Indien.

Comprendre le but du texte

3. Cochez la bonne réponse et justifiez votre réponse.

1. Le texte veut montrer :
❑ que la Réunion doit travailler avec d'autres pays car, seule, elle ne peut pas y arriver.
❑ que la Réunion est mûre pour piloter les recherches scientifiques dans l'océan Indien.
❑ que la Réunion n'a pas encore de visibilité internationale et c'est regrettable.

2. Trouvez la phrase qui justifie votre réponse :

....

Repérer l'articulation du texte et la hiérarchie des informations

4. Associez à chaque paragraphe son idée principale. L'ensemble constitue le résumé du texte.

1er paragraphe •

2e paragraphe •

3e paragraphe •

4e paragraphe •

a. • Du reste, la Réunion possèdera bientôt un atout en plus : un observatoire de physique.

b. • C'est pourquoi le choix de la Réunion pour le symposium sur les changements climatiques est fondamental.

c. • La situation géographique de la Réunion en fait le lieu idéal pour l'étude des changements climatiques.

d. • Et la conclusion à laquelle ont abouti les chercheurs confirme la centralité de la Réunion pour la recherche.

Comprendre la langue

5. Cochez le bon synonyme.

1. *vulnérables* (l. 2)

a. ❏ fragiles

b. ❏ résistantes

c. ❏ sensibles

2. *propices* (l. 3)

a. ❏ propres à

b. ❏ préparées pour

c. ❏ défavorables à

3. *incontournables* (l. 12)

a. ❏ que l'on ne peut ignorer

b. ❏ que l'on ne peut définir, circonscrire

c. ❏ que l'on ne peut apprécier

6. Retrouvez dans le texte les synonymes des mots suivants. Indiquez la ligne.

1. un élément de la chaîne : ....

2. à l'intérieur de : ....

3. en collaboration avec : ....

4. similaire : ....

5. à la fin de : ....

6. assumer : ....

7. un instrument : ....

7. Donnez la définition des mots suivants.

1. *symposium* (l. 4 et 18) : ....

....

2. *laboratoire* (l. 19) : ....

....

3. *observatoire* (l. 37) : ....

....

Comprendre en détail

Comprendre les informations secondaires

8. Cochez VRAI ou FAUX et justifiez votre réponse en citant une phrase du texte.

	VRAI	FAUX
1. Les tropiques vont beaucoup souffrir des changements climatiques. Justification :		
2. Les pôles sont les zones de la Terre les plus importantes pour l'observation des changements climatiques. Justification :		
3. L'île de la Réunion utilise déjà beaucoup l'énergie solaire ou éolienne. Justification :		
4. L'île de la Réunion est déjà un très grand centre international de recherche dans l'océan Indien. Justification :		

9. Expliquez le sens.

1. *l'impact [des changements climatiques] sur la planète* (l. 16) : ....

....

2. *planifier les thèmes de recherche à venir* (l. 32) : ....

....

10. Répondez aux questions.

1. Pour quelle raison scientifique les tropiques sont-ils intéressants pour l'observation des changements climatiques ?

....

....

2. Pour quelles raisons le LACy avait-il une « légitimité à organiser cette rencontre » ?

....

....

3. Quel domaine précis de recherche a été défini lors de la rencontre ?

....

Comprendre les implicites

11. Répondez aux questions.

La journaliste écrit pour un public réunionnais qu'elle informe sur un événement précis : le symposium. Toutefois, on perçoit implicitement son point de vue.

1. Est-elle :

a. ☐ favorable ?

b. ☐ plutôt favorable ?

c. ☐ défavorable à la centralité de la Réunion pour les recherches ?

2. Qu'est-ce qu'elle essaie de susciter chez ses lecteurs ?

....

....

Société

2 Lisez ce texte argumentatif.

La mise en scène de l'intimité

Lofts, blogs et confessions télévisuelles... En s'ouvrant largement à la parole intime, les médias ne font pas qu'entretenir une mode. Ils reflètent un moment de l'histoire des démêlés des sentiments individuels avec les règles froides de la vie moderne.

1 Soit un souvenir déjà lointain, celui de « Loft Story », diffusée pour la première fois en 2001. Cette émission incarna le sommet d'un genre télévisuel controversé, le
5 reality show[1]. [...] Ce style télévisuel est aujourd'hui non seulement devenu banal, mais s'est tout simplement fondu dans un genre médiatique prolifique pratiquant légitimement l'étalage de l'intimité individuelle
10 ou familiale. Or, selon la sociologue Dominique Mehl, la télévision de l'intime n'est que l'écume d'une transformation plus profonde des valeurs. [...] L'extraordinaire accueil fait aux nouvelles technologies en
15 témoigne. Quels sont les plus beaux succès d'Internet aujourd'hui ? Les pages personnelles, les photos de famille, les blogs où l'on parle de soi, de ses voyages, de ses amours, de son quotidien, les forums où l'on peut
20 écrire ce que l'on pense de soi et des autres, les messageries où soutenir des conversations rapides à trois, à quatre, à dix, voire ouvertes à qui voudra, et les sites de rencontres où la règle est de se présenter à des inconnus.
25 Et à quoi servent les 13 milliards de SMS échangés chaque année en France si ce n'est, bien souvent, à confier son état du moment ? Qu'y a-t-il derrière cette explosion de la communication intime ? [...]
30 [...] l'idée que la mise en public de l'intimité, loin d'être un mouvement spontané ou émancipateur, est un avatar de l'économie de marché, suscite chez certains sociologues, une série de rapprochements. Ainsi la philo-
35 sophe Eva Illouz retrace la genèse d'un vaste mouvement de sentimentalisation des rapports sociaux, dont elle situe les débuts entre les deux guerres mondiales. À partir de cette époque, sortant de la sphère intime, les
40 discours sur soi ont investi, explique-t-elle, trois champs semi-publics : celui des thérapies, celui du management d'entreprise et celui du féminisme.

Ainsi, la vulgarisation des thèses de la
45 psychanalyse a, en particulier aux États-Unis, donné naissance à une version optimiste du développement personnel. L'expression des sentiments intimes et leur mise en paroles sont devenues l'outil univer-
50 sel de la réalisation de soi, et pas seulement dans le secret du cabinet. En fait, pour cette psychologie humaniste, les buts de l'individu et ceux de la société coïncident : il s'agit pour l'individu de se trouver lui-même, trouvant
55 du même coup sa place.
Les milieux de travail, influencés par les résultats positifs de l'École des relations humaines, s'éloignèrent du modèle technocratique de gestion du personnel pour faire
60 place à une psychologie de la motivation, reliée à toutes sortes de sentiments intérieurs. Tout cela, écrit-elle, donne lieu à une transformation de l'imaginaire d'entreprise et du management fondé sur l'idéal de la commu-
65 nication : « [...] L'écoute ou la capacité à être le reflet des intentions et des idées des autres est considérée comme un élément essentiel dans la prévention des conflits et la création de réseaux de coopération. »
70 Quant au féminisme, il s'est trouvé des terrains d'entente avec la psychologie humaniste. L'émancipation, en particulier sexuelle, des femmes dans les années 1960 et suivantes a amené les femmes à conjuguer l'autonomie
75 personnelle avec la sollicitude maternelle. D'autre part, la demande d'égalité des sexes dans le couple a appelé les femmes à s'affirmer, donc à exprimer avec moins de réserve leurs désirs et leurs sentiments.
80 [...] Ainsi, du cercle intime du couple à celui élargi du travail, un modèle de relations humaines fondé sur la recherche du moi et son expression s'est développé.

Nicolas Journet, *Sciences humaines*,
n° 184, juillet 2007.

---

1. Des personnes avaient été sélectionnées pour passer un mois enfermées dans un « loft » (un local professionnel transformé en habitation) ; la télévision filmait leur vie quotidienne.

Comprendre le sens général

Identifier la source et le thème à travers titre et chapeau

1. Répondez aux questions.

1. De quelle revue est tiré le texte ? De quel type de revue s'agit-il ?

....

2. Quels sont les mots-clés du chapeau qui font comprendre le thème général ?

....

Lire et dégager le thème du texte

2. Cochez la (ou les) bonne(s) réponse(s).

1. Le texte parle : *(plusieurs réponses)*

a. ❏ de la télévision.

b. ❏ de la radio.

c. ❏ d'Internet.

d. ❏ du cinéma.

e. ❏ des journaux à sensation.

2. Le texte est centré sur :

a. ❏ la médiocrité des programmes télévisuels et des sites Internet trop vulgaires.

b. ❏ l'importance des émissions de télévision ou des sites Internet dont le thème est la vie privée des gens.

c. ❏ les avantages économiques de la télé-réalité.

Dégager le point de vue

3. Cochez la bonne réponse.

1. Le texte veut montrer que l'étalage des sentiments dans l'audiovisuel :

a. ❏ est simplement un phénomène de mode.

b. ❏ est le fruit d'une transformation des valeurs de la société.

c. ❏ est un phénomène publicitaire.

2. Le texte veut montrer que l'étalage des sentiments dans l'audiovisuel :

a. ❏ est en lien avec un modèle psychologique dominant d'affirmation de l'individu.

b. ❏ est en lien avec un modèle économique d'exploitation de l'individu.

c. ❏ est en lien avec un modèle historique de décadence des sociétés.

Repérer l'articulation du texte et la hiérarchie des informations

4. Dégagez la structure logique du texte en complétant le schéma :

• 1er paragraphe.

– Exemple 1 : ....

Idée générale : Or, ...

– Exemple 2 : ....

• 2ᵉ paragraphe. Question à laquelle répondra le début du paragraphe suivant :

....

• 3ᵉ paragraphe. Réponse générique donnée : ....

....

• 4ᵉ paragraphe. 1ʳᵉ conséquence dans le domaine personnel : ....

....

• 5ᵉ paragraphe. 2ᵉ conséquence dans le domaine du travail : ....

....

• 6ᵉ paragraphe. 3ᵉ conséquence pour les femmes : ....

....

Comprendre la langue

5. Cherchez, dans le premier paragraphe, la définition du mot « loft » évoqué dans le chapeau de l'article.

....

6. Expliquez le choix du titre : « la mise en scène de l'intimité ».

....

....

7. Recherchez dans le texte trois expressions synonymes du titre.

1. ....

2. ....

3. ....

8. Expliquez les mots soulignés dans leur contexte.

1. *Soit un souvenir déjà lointain* (l. 1) : ....

....

2. *un genre télévisuel controversé* (l. 4) : ....

....

3. *la télévision de l'intime n'est que l'écume d'une transformation plus profonde* (l. 11-12) :

....

4. *explosion de la communication intime* (l. 28-29) : ....

....

5. *retrace la genèse* (l. 35) : ....

....

6. *la prévention des conflits* (l. 68) : ....

....

Comprendre en détail

Comprendre les informations secondaires

9. Cochez VRAI ou FAUX et justifiez votre réponse en citant un passage du texte.

	VRAI	FAUX
1. La télé-réalité est un phénomène courant. Justification :		
2. Exposer sa vie privée est une chose légale. Justification :		
3. Les valeurs de respect de l'individu restent les mêmes qu'autrefois. Justification :		
4. La plupart des SMS servent à parler de soi. Justification :		
5. Parler de soi en public est une évolution spontanée. Justification :		
6. Les individus se réalisent plus dans l'action qu'en analysant leurs sentiments et émotions. Justification :		
7. La psychologie humaniste a trouvé des applications au sein des entreprises. Justification :		
8. Il est difficile pour les femmes d'unir autonomie personnelle et rôle de mère. Justification :		

10. Répondez aux questions.

1. Que deviennent les rapports sociaux entre individus après la Seconde Guerre mondiale ?

....
....
....

2. Sur quel principe repose l'épanouissement de l'individu dans la société ?

....
....
....

3. Quel est l'avantage pour les entreprises de valoriser le bien-être individuel ?

....
....
....

4. Quel rapport y a-t-il entre le féminisme et le développement de l'expression de soi ?

....
....
....

Déduire les implicites

11. Répondez aux questions.

1. Il s'agit d'un texte de divulgation scientifique. À quels éléments le notez-vous ?

....
....
....
....

2. Pourquoi ce texte est-il à la fois présentatif et argumentatif ?

....
....
....
....

3 Lisez ce texte présentatif.

La peur du descendeur au moment de s'élancer

1 *SKI ALPIN. Le retrait du champion olympique Antoine Dénériaz brise un tabou : même les plus grands casse-cou du Cirque blanc sont en proie aux pires angoisses. Témoignages passés sur un phénomène actuel.*

« Je ne veux plus jouer ma vie. J'ai bientôt 32 ans, je n'en peux plus. »
5 C'est par ces mots qu'Antoine Dénériaz, sacré champion olympique de descente le 12 février 2006 à Sestrières, a tiré sa révérence mercredi dernier. Le motif ? La peur. L'angoisse de la rechute qui n'a jamais quitté le Français depuis sa terrible embardée suédoise, un mois après avoir décroché la plus belle des médailles. Cette peur que « Tonio » a
10 eu le courage de reconnaître, tous les casse-cou du Cirque blanc la refoulent à longueur d'année. À commencer par les plus grands, qui finissent par reconnaître l'indicible... une fois leur carrière terminée. [...]
Pour la plupart des descendeurs, funambules du flocon, un jour arrive où le fil casse. « J'ai bien connu
15 ça... Je comprends tellement bien ce qu'Antoine Dénériaz a pu vivre », témoigne Roland Collombin, victime de deux accidents à Val-d'Isère sur la bosse qui porte aujourd'hui son nom. « Je n'ai jamais vécu la paralysie dans un portillon de départ, mais je sais que si j'ai chuté deux fois au même endroit à un an d'intervalle (1974 et 75), le hasard n'y est pour rien. J'ai connu un blocage psychologique. Cette peur est difficile à expliquer mais si tu ne parviens pas à la déblayer, tu n'avances plus. »
20 Comment chasser l'importune ou, faute de mieux, passer outre ? « Ceux qui faisaient de la sophrologie ne gagnaient jamais rien », se marre Collombin, vainqueur de la Coupe du monde de descente en 1973 et 74. « Moi, avant un départ, je cherchais à rigoler avec les copains, je demandais aux servicemen ce qu'il s'était passé la veille dans les pubs de la station. Et puis j'avais mes méthodes à moi, des trucs qui se disent pas tellement. » On raconte que le Valaisan s'envoyait une grande rasade de vin
25 blanc avant de confier son destin à une paire de skis. [...]
Bernhard Russi, qui confesse que des « idées de mort » ont pu lui traverser l'esprit en tout début de carrière, assure que « chaque descendeur connaît un jour ou l'autre la crise ». « J'ai dû me battre contre la peur », reprend le champion olympique de descente de 1972. « On sait très bien qu'à 130 km/h, malgré toutes les mesures de sécurité, on peut se faire très mal. Mais, avec le temps, une sorte de fata-
30 lisme s'installe. C'est un peu comme un soldat qui part à la guerre. On a peur avant et puis, quand on voit l'ennemi, on se jette dessus. Une fois qu'on pousse le portillon, on devient une bête. On n'est pas des gens comme les autres. »
Pour Roland Collombin, « l'adrénaline liée au danger, c'est le moteur du descendeur ». Mais pas question de trahir la moindre angoisse devant ses pairs ou son entourage. « Le ski est un sport individuel.
35 Tu peux avoir tous les psychologues du monde, quand tu es au départ d'une descente, tu es seul face à tes responsabilités », résume Franz Heinzer, vainqueur de la Coupe du monde de la spécialité en 1991, 1992 et 1993. Pirmin Zurbriggen : « La peur, tous les descendeurs la ressentent, mais il ne faut pas en parler, ça n'existe pas. Il faut rester cool et y aller à fond. C'est la règle. Sinon, tu n'es plus rien. »
Antoine Dénériaz, onze ans après sa première course en Coupe du monde, a choisi une nouvelle vie.

© *Le Temps*, 09/12/07.

Comprendre le sens général

Identifier la source et le thème à travers titre et chapeau

1. Observez la photo et le titre et déduisez le thème de l'article.

....

2. Lisez le chapeau et répondez aux questions.

1. De qui on parle ?

....

2. Qu'est-ce qu'il a fait ?

....

3. Quel phénomène est ainsi découvert ?

....

4. Que pourra-t-on lire dans l'article ?

....

Lire et dégager le thème du texte

3. Lisez tout le texte et répondez aux questions.

1. Quelle a été la décision prise par le skieur Antoine Dénériaz ?

....

2. Pour quelle raison a-t-il pris cette décision ?

....

3. Est-ce que cette décision est compréhensible pour les autres skieurs ?

....

Repérer l'articulation du texte et la hiérarchie des informations

4. Les divers témoignages dessinent un raisonnement. Remettez en ordre, à l'aide du tableau, les idées suggérées par les témoignages.

A. C'est l'adrénaline qui permet d'avancer.

B. Comment chasser cette peur ?

C. Et de toute façon, pour un skieur, il ne faut pas en parler.

D. Il existe des techniques psychologiques mais elles ne sont pas efficaces.

E. La peur de tomber est très forte.

F. Mais au moment de la course, on ne pense plus à la peur, on se lance.

G. On peut aussi oublier en s'amusant, en buvant.

1	2	3	4	5	6	7
....	....	....	....	....	A	....

Comprendre la langue

5. Expliquez les expressions imagées en fonction du contexte.

1. *les grands casse-cou du Cirque blanc* (l. 2 et 10) : ....

....

2. *a tiré sa révérence* (l. 6) : ....

3. *funambules du flocon* (l. 14) : ....

4. *un jour arrive où le fil casse* (l. 14) : ....

....

5. *comment chasser l'importune* (l. 20) : ....

....

6. *on devient une bête* (l. 31) : ....

6. Paraphrasez les expressions suivantes.

1. *Je ne veux plus jouer ma vie.* (l. 4) : ....

2. *je n'en peux plus* (l. 4) : ....

3. *sa terrible embardée suédoise* (l. 8) : ....

4. *reconnaître l'indicible* (l. 12) : ....

5. *[il] s'envoyait une grand rasade de vin blanc* (l. 24-25) : ....

....

6. *devant ses pairs* (l. 34) : ....

7. *Il faut rester cool et y aller à fond.* (l. 38) : ....

7. Trouvez dans le texte les deux verbes synonymes de *rire*.

....

Comprendre en détail

Comprendre les informations secondaires

8. Cochez la bonne réponse.

1. De quel type de skieurs parle-t-on ?

a. ❏ de ceux qui font du slalom géant

b. ❏ de ceux qui font du slalom

c. ❏ de ceux qui font de la descente libre

2. Quels sont les skieurs qui évoquent un accident ?

a. ❏ Collombin   **b.** ❏ Dénériaz   **c.** ❏ Heinzer

d. ❏ Russi   **e.** ❏ Zurbriggen

9. Cochez VRAI ou FAUX et justifiez votre réponse en citant un passage du texte.

	VRAI	FAUX
1. Roland Colombin a chuté deux fois au même endroit parce qu'il avait peur de ce passage difficile. Justification :		
2. Les champions parlent de leur angoisse quand ils ne font plus de compétition. Justification :		
3. Collombin allait dans les cafés et pubs la veille de la compétition. Justification :		
4. Bernard Russi n'a jamais pensé qu'il pouvait mourir. Justification :		
5. Avoir peur en réalité est stimulant pour le skieur. Justification :		
6. Une aide psychologique est très importante pour les skieurs. Justification :		

Déduire les implicites

10. Expliquez pourquoi « le retrait du champion olympique Antoine Dénériaz brise un tabou ».

....

....

11. Pourquoi, à votre avis, ce texte se caractérise-t-il par autant de passages au style direct ? Quelle est l'intention de l'auteur ?

....

....

4 Lisez ce texte argumentatif.

Les chances du français

1 À l'échelle de la planète, notre langue ne se trouve pas dans la situation alarmante que certains dénoncent parfois. Le français n'a jamais été parlé par un aussi grand nombre de locuteurs qu'aujourd'hui. Les francophones réels sont au nombre de 110 millions, les francophones occasionnels de 60 millions, et les francisants, ayant des notions
5 de français, de 110 millions. Les francophones sont dispersés sur les différents continents. La qualité moyenne du français écrit et parlé – qu'est-ce que la qualité moyenne d'une langue ? – se situe à un niveau meilleur, sur le plan international, que celui de toutes les autres langues, meilleur sur notre territoire que celui en usage il y a un siècle. Notre langue se déforme peu, elle évolue, elle s'enrichit dans les domaines scientifiques. Le
10 français est en outre parlé, souvent très bien, par des élites étrangères qui conservent à notre langue une part de son statut ancien et reconnu de langue des relations internationales. Cela la place au deuxième rang des grandes langues mondiales, même si, en nombre, elle prend place derrière l'espagnol et d'autres langues asiatiques. [...]

Les qualités du français ?

Ce n'est sans doute pas le lieu de rappeler, après Boileau[1], Rivarol[2] et tant d'autres,
15 que la qualité principale qui contient sans doute toutes les autres est la clarté. [...] Le français offre l'outil le plus évolué au service de l'activité intellectuelle. Mais cet outil n'est pas le seul, il y en a d'autres, il y en a un autre, l'anglais, qui est plus facile, plus court, mieux adapté au monde de l'économie, de l'entreprise. Il fait prévaloir la simplicité sur la forme, la rapidité sur la concision, l'échange sur l'analyse, la communi-
20 cation sur la déclaration. D'où l'inévitable interrogation : le français ne correspond-il pas à un moment dépassé de la civilisation, ses qualités conviennent-elles à notre société technologique, de confort, de consommation, de permissivité ?
Le français présente une autre qualité, elle aussi façonnée par son histoire. [...] Après avoir été la langue des cours et celle de la Révolution, la langue de l'héritage et celle des
25 droits de l'homme, le français est devenu, en quelques décennies, le ciment de l'un des réseaux importants de la planète, la francophonie. La francophonie désigne à la fois le fait de parler le français, l'ensemble de ceux qui le parlent, les institutions créées à ce propos et la forme d'esprit qu'engendre la pratique collective du français. Elle recouvre un système d'enseignement, un réseau d'universités, une littérature, une chanson de
30 langue française, mais aussi des échanges dans les médias de masse, une coopération dans les domaines de l'économie, des professions, de la technologie, et encore un style d'administration, un type de citoyenneté, des habitudes sociales, des voyages, des loisirs. Ce réseau est dense et chaleureux, mais il est de plus en plus déséquilibré et pas assez généreux, en tout cas de la part de la France. C'est d'ailleurs plus un maillage de franco-
35 phonies diverses, l'américaine, la caraïbe, l'arabe, la maghrébine, l'africaine au sud du Sahara, l'océanique, qui établissent entre elles des liaisons multiples. [...]
L'ensemble est pauvre, menacé et souvent timide, mais il réagit avec vigueur, il est en voie d'expansion numérique, de développement institutionnel et de consolidation. Le français n'ouvre pas seulement les voies de la francophonie. Il facilite l'accès à toutes les
40 langues et l'échange entre elles. [...] Il capte et développe la sympathie entre les cultures. Il est recherché pour son aptitude au dialogue, les traducteurs l'apprécient comme la plate-forme la mieux conçue, le pont le plus sûr pour les traductions, même pour celles d'une langue étrangère à une autre.
Ainsi s'affirme la modernité de la langue française, sa vitalité et même sa nécessité [...].

Gabriel de BROGLIE[3], *Le Débat*, n° 136, sept-oct 2005, on line.
www.diplomatie.gouv.fr/fr/IMG/pdf/0505-DEBROGLIE-FR-2.pdf

---

1. Écrivain français (1636-1711) qui, dans son *Art poétique* souligne l'importance de la clarté de l'expression.
2. Écrivain français (1753-1801), auteur du discours sur l'universalité de la langue française.
3. Historien, membre de l'Académie française.

Comprendre le sens général

Identifier la source et le thème à travers le titre

1. Répondez aux questions.

1. Regardez où a été publié ce texte. Déduisez-en le sens de diplomatie-gouv.fr.

....

2. Quelles hypothèses pouvez-vous faire alors en lisant le titre ?

....

3. Qui est l'auteur ? À qui s'adresse-t-il quand il dit « notre langue » ?

....

Lire et dégager le thème du texte

2. Cochez la bonne réponse.

1. Il s'agit d'un texte argumentatif :
a. ❑ sur le peuple français et sa place dans le monde.
b. ❑ sur la langue française et sa place dans le monde.
c. ❑ sur les nations francophones.

2. Il s'agit d'un texte argumentatif :
a. ❑ sur la beauté du français.
b. ❑ sur la vitalité du français.
c. ❑ sur la disparition du français.

Dégager le point de vue

3. Cochez VRAI ou FAUX et justifiez votre réponse en citant un passage du texte.

	VRAI	FAUX
1. La situation du français est tout à fait catastrophique. Justification :		
2. Il y a des francophones sur tous les continents. Justification :		
3. L'ensemble du monde francophone est en déclin et n'arrive pas à réagir. Justification :		

Repérer l'articulation du texte et la hiérarchie des informations

4. Trouvez les lignes correspondant au résumé de paragraphe.

1. Les chiffres montrent qu'il y a beaucoup de personnes pouvant parler français dans le monde.

Ligne .... à ligne ....

2. En outre, la qualité du français parlé est bonne.

Ligne .... à ligne ....

3. C'est pourquoi le français est au deuxième rang mondial.

Ligne .... à ligne ....

4. La qualité du français est sa clarté.

Ligne .... à ligne ....

5. Mais l'anglais, plus facile, est peut-être plus utile.

Ligne .... à ligne ....

6. Ce que le français a en plus, c'est d'être au cœur du réseau culturel de la francophonie.

Ligne .... à ligne ....

7. Le français est une langue de médiation des cultures.

Ligne .... à ligne ....

Comprendre la langue

5. Quel est le sens des expressions suivantes ? Cochez la bonne réponse.

1. *À l'échelle de la planète* (l. 1)
a. ❏ si on considère l'ensemble du monde
b. ❏ si on exclut le monde
c. ❏ si on considère certaines zones du monde

2. *Ce n'est sans doute pas le lieu de le rappeler.* (l. 14)
a. ❏ certainement   **b.** ❏ probablement   **c.** ❏ éventuellement

6. Donnez la définition.

1. *francophones réels* (l. 3) : ....
....

2. *francophones occasionnels* (l. 4) : ....
....

3. *francisants* (l. 4) : ....
....

7. Expliquez.

1. une qualité façonnée par l'histoire (l. 23) : ....

....

2. Le français est le ciment de la francophonie. (l. 25-26) : ....

....

3. un maillage de francophonies diverses (l. 34-35) : ....

....

Comprendre en détail

Comprendre les informations secondaires

8. Expliquez avec vos propres mots :

La qualité moyenne du français écrit et parlé [...] se situe à un niveau meilleur sur le plan international que celui de toutes les autres langues. (l. 6-8)

....

....

....

9. Trouvez deux qualités que possède l'anglais.

1. ....

2. ....

10. Cochez VRAI ou FAUX et justifiez votre réponse en citant le texte.

	VRAI	FAUX
1. L'auteur se demande si le défaut du français est de ne pas être adapté à la vie moderne. Justification :		
2. La francophonie est un concept polysémique. Justification :		
3. La France donne beaucoup d'argent pour soutenir la francophonie. Justification :		
4. Il y a de moins en moins de francophones dans le monde. Justification :		

11. Expliquez :

Les traducteurs apprécient [le français] *comme* [...] *le pont le plus sûr pour les traductions, même celles d'une langue étrangère à une autre.* (l. 41-43)

....

....

....

Déduire les implicites

12. Cochez la bonne réponse.

1. Les non-dits.

Pourquoi à votre avis la qualité du français se situe à un niveau meilleur sur notre territoire que celui en usage il y a un siècle ?

a. ❏ Parce que moins de gens étaient instruits.

b. ❏ Parce que la langue n'était pas encore formée.

c. ❏ Parce que le français n'était pas encore une langue nationale.

2. Les nuances.

En écrivant en incise – *qu'est-ce que la qualité moyenne d'une langue* – (l. 6), que fait l'auteur ?

a. ❏ Il demande à quel niveau on peut situer la qualité moyenne du français.

b. ❏ Il demande si on peut raisonner en termes quantitatifs.

c. ❏ Il met en doute le fait qu'on puisse définir une « qualité moyenne ».

13. Répondez.

Celui qui écrit est français. Quels sont les signes linguistiques dans le texte qui permettent de le comprendre ?

....

....

....

....

Cette partie vous propose six sujets d'entraînement à l'épreuve de production écrite du DELF B2.
Cette épreuve consiste très souvent en la rédaction d'une lettre formelle.
Avant de commencer les activités de cette partie, observez bien les règles de présentation
d'une lettre formelle.

Présentation d'une lettre formelle

Nom, prénom
et adresse
de l'expéditeur

> NOM, prénom ou nom de l'entreprise destinataire
> Adresse du destinataire

Objet : Cette mention ne figure pas toujours. Mais en général elle résume la lettre, par exemple
« candidature à un poste de… » ; « demande de rendez-vous » ; « réclamation concernant… » ;
« plainte au sujet de… » ; « réaction à votre article intitulé… »

> Lieu, date

INTRODUCTION :
Si le destinataire n'est pas connu → *Madame, Monsieur,*
Sinon il s'agit d'adapter → *Messieurs, Monsieur le Maire,* etc.

En général, on commence par expliquer le motif de la lettre. Quand la lettre n'est pas « spontanée » mais
en réaction à un événement déclencheur, il est courant de le mentionner en début de lettre :
Suite à notre conversation téléphonique, je me permets de vous écrire afin de…
Venant de prendre connaissance de la décision de la mairie de construire une nouvelle ligne de tramway….
J'ai lu avec attention votre article sur XXX et c'est pourquoi je me permets de vous faire part de XXX.
Actuellement étudiant en Mastère de Français Langue Etrangère, c'est avec grand intérêt que j'ai pris connaissance de votre concours pour l'obtention d'une bourse…

DÉVELOPPEMENT :
Votre lettre se composera de plusieurs paragraphes ayant une unité logique (une idée ou un argument par paragraphe avec, si possible, un exemple).
Les paragraphes doivent être séparés les uns des autres par un espace visible. Ils commencent par un alinéa (retrait).
Cette présentation permet de saisir rapidement le raisonnement suivi dans le courrier. Elle est importante pour tout lecteur, notamment pour les correcteurs de votre examen.

CLÔTURE :
– *Espérant que ma requête retiendra votre attention, je vous prie d'agréer, Monsieur, l'expression de mes salutations distinguées.*
– *En vous remerciant par avance, je vous prie d'agréer, Monsieur le Maire, l'expression de mes sentiments respectueux.*
– *Dans l'attente de votre réponse, je vous prie d'agréer, Madame, Monsieur, l'expression de mes salutations les plus respectueuses.*

NB : Les expressions « *cordialement* » ou « *bien à vous* » s'utilisent plutôt entre collègues ou entre connaissances dans des écrits moins formels tels que les forums ou les courriels.

VOS COMPÉTENCES

La prise de position personnelle

Participer à un forum

@ http://www.forum-jeux-video.fr/topics/discussion189

Jeux vidéo

Accueil

Forum

FAQ

‹ Votre opinion sur les jeux ultra-violents ?

Mathias82
Bonjour à tous. Je voudrais exprimer mon opinion sur les jeux vidéo violents hyperréalistes. Je pense qu'ils sont dangereux et qu'il faudrait les interdire. Quand il y a des massacres dans les écoles et des problèmes de violence, les responsables sont toujours des adolescents fanatiques de jeux vidéo, je crois que ce n'est pas un hasard.

Julie2006
Dans ce cas, il faut interdire aussi les informations et les journaux télévisés, car la réalité est encore plus violente que les jeux... ☺

1 Vous décidez de donner votre position sur la mode des jeux vidéo ultra-violents. Vous composez un message détaillé que vous posterez sur ce forum en expliquant votre opinion dans un texte argumenté et illustré d'exemples précis. (240 à 260 mots)

Reconnaître la situation de communication

1. Dites quels sont :

1. l'expéditeur du message (*vous, à quel titre ?*) :

....

2. les destinataires (*à qui vous écrivez*) : ....

3. le thème (*de quoi on parle*) : ....

....

Bien lire le sujet

2. Relevez les mots-clés dans l'intitulé du sujet.

Notez tout ce qui vous vient à l'esprit quand vous entendez l'expression : « jeux vidéo ultra-violents ». Connaissez-vous autour de vous des personnes qui y jouent ?

....

....

3. Relevez également les verbes. Que vous demande-t-on de faire ?

....

....

Trouver des idées et des arguments

4. Retrouvez l'argument de Mathias82 et celui de Julie2006. Cochez la bonne réponse.

Mathias82 :

a. ❏ Les jeux vidéo sont responsables de la violence des jeunes.

b. ❏ Les jeux vidéo ne sont pas plus violents que l'actualité politique et sociale.

c. ❏ On ne peut pas tout interdire.

Julie2006 :

a. ❏ On devrait interdire ce qui rend les jeunes violents.

b. ❏ Les jeunes qui commettent des violences dans la vie réelle sont ceux qui jouent le plus aux jeux vidéo violents.

c. ❏ Les jeux vidéo sont dangereux.

d. ❏ Les jeux vidéo ne sont pas plus dangereux que la télévision et les médias en général.

Trouver un plan

5. Complétez le tableau avec une idée appropriée.

Les jeux vidéo ultra-violents, c'est bien parce que...	Exemple, précision ou illustration	Connecteur ou transition	Les jeux vidéo sont dangereux parce que...	Exemple, précision ou illustration
a.	Ce n'est pas parce que l'on regarde des films d'horreur qu'on commet soi-même des atrocités.	Au contraire	Justement, cela peut rendre les adolescents encore plus violents.	**b.** ....
Le graphisme est beau et inventif.	**c.**	Toutefois	Ils donnent à voir une esthétique de la violence, une vision du monde faussée.	**d.** ....
Chaque type de jeu est réservé à un public ; les jeux violents sont réservés aux personnes averties.	Il y a un âge minimum indiqué.	En revanche	**e.**	Ainsi, dans une famille de plusieurs enfants, le petit frère peut jouer aux jeux des grands sans que les parents s'en rendent compte.
Ils développent l'intelligence et les réflexes chez les jeunes.	**f.**	Mais	Les jeux vidéo ne développent ni le langage ni la créativité, ni le savoir-être en société.	**g.** ....

Rédiger votre intervention

6. Remettez dans l'ordre les paragraphes de cette intervention sur le forum en remplissant le tableau ci-dessous.

1	2	3	4	5	6
F					

Puis complétez le texte obtenu avec les expressions suivantes :
D'autres − Certains − par exemple (2 x) − *Espérant vous avoir convaincus − en outre* (2 x) − *en effet - Cependant − Or − Selon moi.*

Bonjour,

Les jeux vidéo ultra-violents sont un phénomène de mode qu'il est important d'analyser. Sont-ils responsables de la violence ou reflètent-ils seulement notre monde actuel ?

A. ...., non seulement les jeux ultra-violents, mais également tous les jeux vidéo en général sont plus néfastes que bénéfiques. L'homme devrait se passer de certaines de ses inventions et réapprendre à vivre simplement.

B. .... louent avant tout leur graphisme recherché. Ces jeux sont .... très attractifs visuellement. Le jeu « Guerre Finale » recrée .... l'univers de la guerre de façon très impressionnante.

C. ...., c'est autant de temps qu'ils n'utilisent pas pour faire des choses plus constructives, telles que des activités culturelles ou sportives. .... ces activités sont bien plus importantes pour développer la socialisation de l'enfant, sa créativité, etc. La conséquence directe la plus facilement observable est certainement l'obésité qui touche nos sociétés aujourd'hui. Bien qu'elle ait également d'autres origines, le manque de dépense physique la favorise clairement.

D. ...., ces quelques qualités ne doivent pas faire perdre de vue les effets de ces jeux. La vision du monde qui y est représentée, aussi intéressante soit-elle, est faussée et dangereuse. La plupart de ces jeux ne montrent que des relations violentes, de domination, de destruction. Il s'agit .... d'exterminer tous ses ennemis. Ces jeux rendent la violence à la mode. Or, les jeunes ne font pas toujours la part des choses entre le monde virtuel et leur monde réel.

E. ...., j'attends vos réactions sur ce forum.

F. .... prétendent que les jeux vidéo peuvent avoir des effets bénéfiques. Ils favoriseraient le développement de l'intelligence et des réflexes (avec des activités sur la résolution d'énigme ou la vitesse de réaction). Le jeu permettrait .... aux joueurs de se défouler et d'exprimer l'agressivité qu'ils ressentent.

Au plaisir de vous lire !

Anatoly Kabacoff

89

Écrire au courrier des lecteurs

 Vous avez lu un reportage choquant sur les pratiques d'une entreprise qui provoque une catastrophe écologique.

Vous écrivez au courrier des lecteurs du journal qui a publié ce reportage pour partager votre indignation et proposer des pistes d'action.

Vous exposez votre point de vue dans un texte argumenté et illustré d'exemples précis. **(240 à 260 mots)**

Reconnaître la situation de communication

1. Dites quels sont :

1. l'expéditeur (= *vous*) : ....

....

2. le destinataire : ....

....

3. le ton : ....

....

Bien lire le sujet

2. Relevez :

1. les mots-clés : ....

2. les verbes (= *ce que vous devez faire*) : ....

....

Trouver des idées et des arguments

3. Notez trois types d'entreprises qui sont responsables de dommages environnementaux, et complétez le tableau.

Type d'entreprise	Problèmes environnementaux
1. Pêcherie industrielle	Destruction des poissons Rejets de déchets dans la mer
2.	....
3.	....
4.	....

(Recherchez sur quelle situation vous pourrez vous exprimer le mieux : vous devez avoir d'une part des arguments pertinents et d'autre part le lexique nécessaire.)

Exprimer son indignation, proposer des pistes d'action

4. Complétez cette lettre avec les mots suivants : *ce scandale – indifférent – suggérer – dénoncer – ignorer – tolérer – se mobiliser – choqué(e) – inacceptable – condamner – être persuadé(e) – cette catastrophe.*
Attention : n'oubliez pas de conjuguer les verbes au temps et à la personne nécessaires et d'accorder les adjectifs.

Madame, Monsieur,

Je me permets de vous écrire suite au reportage que vous avez publié la semaine dernière. J'ai en effet été extrêmement .... de constater la catastrophe écologique produite en toute impunité par la société mentionnée dans votre article. Le procédé employé par cette entreprise est absolument .... Nous ne pouvons pas .... que cette entreprise mette à ce point en péril l'équilibre des écosystèmes et .... des régions entières pour les générations à venir.

Je .... de boycotter tous les produits provenant de cette entreprise. Il est en effet de la responsabilité de chaque citoyen de se renseigner sur l'origine des biens qu'il consomme.

Il faudrait en outre .... pour organiser des campagnes d'information et des manifestations qui .... ces pratiques auprès du grand public qui trop souvent .... les conséquences de tels agissements. Personne ne peut être .... à .... qui nous touche tous ! Il faut par conséquent alerter l'opinion publique de ....

Enfin, chacun d'entre nous devrait écrire personnellement une lettre aux dirigeants de cette entreprise afin de bien leur montrer l'attention que nous portons à ce problème. Je .... qu'une action de grande ampleur permettrait d'influencer les décideurs politiques.

La lettre formelle

Écrire une lettre de réclamation / protestation

3 Vous travaillez dans une entreprise francophone. Votre collègue, qui occupe des fonctions similaires, est partie en congé maternité et aucun remplacement n'est prévu. Vous écrivez à votre directeur en lui expliquant votre situation. Vous rappelez vos fonctions. Vous lui faites part de vos inquiétudes quant à votre charge de travail et vous lui proposez différentes solutions. Vous exposerez votre point de vue dans un texte argumenté et illustré d'exemples précis. (240 à 260 mots)

Reconnaître la situation de communication

1. Dites quel(le)s sont :

1. l'expéditeur (= *vous*) : ....

....

2. vos fonctions : ....

....

3. le destinataire : ....

....

4. le thème et la problématique : ....

....

Bien lire le sujet

2. Repérez :

1. les mots-clés : ....

....

2. les verbes (*que vous demande-t-on de faire ?*) : ....

....

Trouver un plan

3. Proposez un plan en trois parties :

1. ....

2. ....

3. ....

4. Quels temps allez-vous utiliser dans ces trois parties ?

1. ....

2. ....

3. ....

Trouver des idées, des arguments, des exemples

5. Complétez le tableau selon la situation que vous avez choisie.

Ce qui ne va pas	Ce que vous proposez
....	....
....	....
....	....
....	....

Rédiger la lettre

6. Remettez dans l'ordre les paragraphes ou parties de la lettre suivante en remplissant le tableau ci-dessous.

1	2	3	4	5	6	7	8	9
	C							

Puis complétez le texte obtenu avec les expressions suivantes :
ainsi − en effet − à présent − cependant − afin de − en outre − peut-être.

A. Je travaille .... au service des commandes où j'effectue les envois de colis aux clients. Ma collègue, Mme Batista, étant partie en congé maternité, je dois .... gérer deux fois plus de commandes.

B. Espérant que ma requête retiendra votre attention pour le bien de tous, je vous prie d'agréer, Monsieur, l'expression de mes salutations distinguées.

C. Québec, le 15/05/09

D. Il me semble irréaliste de supporter seul ma charge de travail actuelle ainsi que celle de ma collègue. .... tous les autres collègues du service étant déjà surchargés, il m'est impossible de leur déléguer une partie du travail qu'elle effectuait.

E. Monsieur le Directeur,

F. Il est certain que cet état de fait aura à terme un certain nombre de conséquences négatives sur l'ensemble de l'entreprise. .... les clients ne seront plus livrés dans les délais annoncés et certains colis emballés trop rapidement arriveront cassés (l'espace manquera dans nos stocks à cause de la marchandise en attente). Ces désagréments terniront rapidement l'image de notre entreprise.

G. Objet : remplacement du congé maternité de Mme Batista.

H. Je me permets de vous écrire .... vous faire part de la situation préoccupante dans notre service et des dangers qui en résultent.

I. J'ai cru comprendre que le budget actuel ne permettait pas d'embaucher une personne pendant la totalité du congé maternité de Mme Batista. Mais .... serait-il possible de prendre un ou plusieurs stagiaires. Bien qu'un stagiaire ne puisse totalement la remplacer, cette solution permettrait .... de faire face provisoirement.

Écrire une lettre de plainte

 Votre enfant vous annonce qu'il/elle souhaite arrêter l'apprentissage du français à l'école parce qu'il/elle n'apprécie pas les méthodes de son professeur. Vous écrivez à celui-ci afin de lui faire part de votre avis de façon claire mais diplomatique. Vous lui expliquez votre façon d'envisager l'éducation et en particulier l'apprentissage d'une langue étrangère et vous lui proposez de le rencontrer. Vous exposez votre point de vue dans un texte argumenté et illustré d'exemples précis. **(240 à 260 mots)**

Reconnaître la situation de communication

1. Dites quels sont :

1. l'expéditeur : ....

....

2. le destinataire : ....

....

3. le thème, la problématique : ....

....

Bien lire le sujet

2. Repérez les mots-clés dans la consigne et proposez un plan.

....

1. ....

2. ....

3. ....

3. À quels temps seront les verbes pour les différentes parties ?

1. ....

2. ....

3. ....

4. Quelles formules allez-vous employer ? Dites si les formules et phrases suivantes correspondent à la 1re ou à la 2e partie de la lettre, ou si elles peuvent être utilisées dans les deux : *À mon avis – Mon fils / Ma fille m'a dit que – Selon moi – Je m'étonne que – Je ne crois pas que – Je suis scandalisé(e) par le fait que – D'après moi – Il me semble bizarre que.*

1re partie de la lettre : ....

....

2e partie de la lettre : ....

....

Trouver des idées, des arguments, des exemples

5. Quels problèmes avez-vous vous-même rencontrés avec certains enseignants ?
Qu'est-ce qui a pu vous décourager en tant qu'élève ? Essayez de vous remémorer
vos souvenirs d'école pour trouver des motifs de plainte plausibles en tant que parent.

....

....

....

Rapporter les faits

6. Pour travailler le style indirect et les verbes exprimant la parole, complétez le tableau,
en utilisant pour la troisième colonne un verbe de la liste suivante : *affirmer, souligner,
répéter, signaler, confier, rapporter que...*

STYLE DIRECT Ma fille m'a dit :	STYLE INDIRECT Ma fille m'a dit que...	REFORMULATION Utilisez un autre verbe.
« Le professeur a ses préférés. Moi, il ne m'aime pas. »	...vous aviez vos préférés et que vous ne l'aimiez pas.	Ma fille m'a affirmé que vous aviez des élèves préférés et qu'elle n'en faisait pas partie.
« Le professeur me répète que je n'y arriverai jamais. Je suis découragée. »	a.	b. ....
« Le professeur ne me donne jamais la parole. »	c.	d. ....
« Le professeur me donne toujours des punitions alors que je suis sage. »	e.	f. ....
« Je ne veux plus faire de français. »	g.	h. ....

Savoir exprimer son opinion

7. Vous exprimez votre conception de l'éducation, en particulier l'apprentissage d'une langue étrangère, et indiquez les changements souhaités dans l'attitude du professeur de façon claire mais diplomatique. Reconstituez le texte ci-dessous en retrouvant la fin de chaque phrase.

1. Il serait souhaitable... •

2. Il me semble en effet... •

3. Il est certain... •

4. Et je conviens... •

5. Cependant, je pense qu'il faut... •

6. Le cours de langues me paraît particulièrement... •

7. Et une ambiance détendue est... •

• **a.** que votre métier n'est pas évident et que vous avez un certain nombre de contraintes et d'obligations à respecter.

• **b.** important pour développer l'expression de soi.

• **c.** savoir être à l'écoute des élèves et de leurs difficultés.

• **d.** nécessaire pour oser s'exprimer en langue étrangère.

• **e.** qu'il faut valoriser chaque élève pour ses qualités.

• **f.** de la difficulté de s'adapter à chacun.

• **g.** d'adopter une attitude plus positive.

Terminer la lettre

8. Classez ces formules finales (proposition de rendez-vous et salutations) du plus respectueux (n° 1) au plus ferme (n° 3).

N°	**a.** Je souhaiterais vous parler le plus vite possible et j'attends votre réponse. Cordialement,
N°	**b.** Je voudrais vous voir avec le directeur de l'école et, dans le cas où ce ne serait pas possible, je retirerais mon enfant de votre établissement pour le mettre dans une meilleure institution. J'espère que vous m'avez compris. Salutations,
N°	**c.** Je souhaiterais vous rencontrer au plus vite, dans la limite de vos disponibilités bien sûr, pour en discuter de vive voix. Dans l'attente de votre réponse, je vous prie d'agréer, Monsieur, mes salutations distinguées.

Rédiger votre lettre

9. Rédigez une lettre complète en respectant la présentation attendue (reportez-vous aux conseils donnés, p. 86). Vous pourrez ensuite consulter la proposition de corrigé, p. 153.

Écrire une lettre de motivation

 5 Vous écrivez à l'Organisation Internationale de la Francophonie pour postuler à l'un des emplois de volontaire ci-dessous. (250 mots)

VOLONTARIAT FRANCOPHONE : APPEL A CANDIDATURES !

http://www.francophonie.org/actions/developpement/volontariat.cfm

Vous voulez vous engager bénévolement (mais avec une indemnité mensuelle) à temps plein dans un pays francophone ? Posez votre candidature pour le Volontariat Francophone et travaillez un an à l'étranger ! Conditions : avoir entre 18 et 30 ans, maîtriser le français (niveau B2 exigé), être reconnu apte médicalement, avoir un passeport en cours de validité. Attention ! Vous ne pouvez pas être candidat pour un poste dans votre propre pays. Le travail doit obligatoirement être à l'étranger. Vous ne pouvez postuler qu'à un seul poste.

Postes proposés cette année :
— Développeur web PHP/MySQL (Égypte)
— Assistant de projets culturels (Madagascar)
— Assistant veille juridique (Vietnam)
— Assistant d'animation dans les bibliothèques (Bénin)
— Assistant du responsable de projet agriculture et développement (Burkina Faso).

Reconnaître la situation de communication

1. Dites quels sont :

1. l'expéditeur : ....
....

2. le destinataire : ....
....

3. l'objectif : ....
....

Trouver des idées et des arguments

2. Choisissez un des postes proposés et listez les expériences ou les compétences que vous souhaitez mettre en valeur dans la lettre de motivation.

....

....

3. Quelles sont vos qualités ? Faites une liste d'adjectifs vous qualifiant : *dynamique, ouvert, organisé, sérieux, polyglotte,* etc.

....

Commencer une lettre de motivation

4. Vous vous présentez au poste d'assistant de projets culturels à Madagascar. Comment allez-vous commencer votre lettre ? Cochez les formules d'introduction qui conviennent.

a. ❑ Ayant pris connaissance de l'annonce pour le poste d'assistant de projets culturels à Madagascar parue sur votre site, je me permets de vous écrire afin de vous...

b. ❑ Actuellement étudiant(e) en Mastère d'Histoire de l'Art, c'est avec grand intérêt que j'ai pris connaissance de votre concours pour l'obtention d'une bourse.

c. ❑ Comme convenu lors de notre conversation téléphonique, je me permets de vous faire parvenir ma candidature au poste d'assistant de projets culturels.

d. ❑ Suite à l'annonce parue sur votre site, je vous écris pour me porter candidat au poste d'assistant de projets culturels...

Se présenter et exposer ses motivations

5. Transformez deux phrases en une seule phrase avec apposition, comme dans l'exemple.

Ex. : Je suis actuellement étudiant en mathématiques appliquées. J'ai aussi de bonnes compétences en informatique.
→ *Actuellement étudiant en mathématiques appliquées, j'ai aussi de bonnes compétences en informatique.*

1. J'ai eu un parcours diversifié dans le domaine du développement culturel, ainsi qu'une expérience d'enseignement. À présent je souhaiterais prendre des responsabilités comme chef de projet.

→ ....
....

2. J'ai coordonné des séminaires de management et je suis à l'heure actuelle responsable de clientèle. J'ai donc développé de bonnes capacités relationnelles.

→ ....
....

3. Je suis formateur pour adultes depuis deux ans. Avant, j'ai été animateur pour les enfants d'écoles primaire et maternelle, pendant trois ans.

→ ....
....

4. Je suis dynamique et motivé. Je montrerai toutes mes capacités dans le cadre d'un travail à l'étranger.

→ ....
....

6. Une lettre de motivation doit montrer à la fois ce que vous apporterez à l'entreprise (vos qualités, vos talents, vos compétences, vos aptitudes) et ce que l'entreprise vous apportera à vous (pour l'évolution de votre carrière, pour la mise en pratique de vos connaissances...). Dites si les phrases suivantes montrent :
(A) ce que vous apporterez à l'entreprise,
(B) ce que l'entreprise vous apportera.

....	**1.** Je suis certain(e) de pouvoir mettre à profit mes qualités relationnelles et organisationnelles.
....	**2.** Les fonctions de chef de projet correspondent tout particulièrement à mes souhaits d'évolution professionnelle.
....	**3.** Mon sérieux, ma motivation et ma grande capacité de travail seront des atouts pour ce poste.
....	**4.** Le domaine de l'aide au développement est également un aspect qui m'intéresse tout particulièrement, puisque je me suis spécialisé(e) dans l'humanitaire depuis quelques années.
....	**5.** Je souhaite mettre en pratique mes connaissances théoriques, acquises au cours d'une formation universitaire dans mon pays.
....	**6.** Ayant travaillé dans la vente d'art contemporain, je pense que mon profil est susceptible de vous intéresser.

Parler de ses compétences et de ses qualités

7. Au lieu d'utiliser les verbes *savoir* et *connaître*, complétez ces phrases par les expressions suivantes : *Je maîtrise – Je possède de solides connaissances – J'ai développé de bonnes capacités – Je suis capable de – ce qui me permet de...*

1. .... aussi bien théoriques que pratiques dans le domaine de l'enseignement.

2. .... d'organisation et de planification.

3. Je connais bien les logiciels de bureautique, ... travailler rapidement.

4. .... de nombreuses applications de l'outil informatique.

5. .... m'adapter très rapidement à de nouvelles méthodes de travail et à de nouvelles contraintes techniques.

Rédiger votre lettre

8. Rédigez une lettre complète en respectant la présentation attendue (reportez-vous aux conseils donnés, p. 86). Vous pourrez ensuite consulter la proposition de corrigé, p. 154.

La lettre de réponse

Écrire une lettre sur les enjeux, risques et conséquences d'un projet

6 Vous habitez un pays francophone et le maire de votre ville a annoncé la création prochaine d'une autoroute passant par votre commune. Vous écrivez au maire, au nom d'une association locale, pour protester contre cette future autoroute. Vous montrez que vous connaissez les avantages de ce projet, mais vous êtes contre et expliquez pour quelles raisons. (240 à 260 mots)

Reconnaître la situation de communication

1. Dites quels sont :

1. l'expéditeur : ....

....

2. le destinataire : ....

....

3. le thème : ....

....

Bien lire le sujet

2. Relevez les mots-clés, en particulier les verbes (*que vous demande-t-on de faire ?*). Proposez un plan.

....

1. ....

2. ....

3. ....

Trouver des idées et des arguments

3. Classez les arguments suivants dans le tableau p. 101, en fonction de leur nature (économique, social, écologique, esthétique) et de leur orientation (pour ou contre l'autoroute).

1. Source de bénéfices pour la commune grâce au péage.

2. Destruction de l'écosystème local.

3. Perte de la valeur immobilière des habitations le long de cette voie.

4. Facilitation des échanges.

5. Pollution visuelle et sonore.

6. Meilleure accessibilité de la commune.

7. Coût extrêmement élevé des travaux pour une rentabilité qui n'est pas garantie.

8. Facilité pour aller dans la grande ville la plus proche.

9. Destruction du paysage.

10. Plomb et gaz d'échappement en plus forte concentration dans les plantes locales.

11. Danger pour les enfants qui jouent dans les environs.

12. Modernisation et image d'une ville tournée vers le futur.

13. Sélection par l'argent (seuls les plus riches peuvent l'emprunter) puisque l'autoroute est payante.

	Arguments pour une autoroute	Arguments contre
Arguments économiques	....	....
Arguments esthétiques	....	....
Arguments écologiques	....	....
Arguments sociaux	....	....

4. Ajoutez vos propres arguments, pour ou contre. Ajoutez au besoin une nouvelle rubrique.

Commencer la lettre

5. Cochez les formules qui vous semblent correctes pour commencer votre lettre.

a. ❏ Il y a deux semaines, le journal annonçait qu'une autoroute passant par notre ville allait voir le jour d'ici un an. Je me permets donc de vous écrire...

b. ❏ Je me permets de vous écrire au sujet de la construction prochaine de l'autoroute A32 passant par notre commune...

c. ❏ Actuellement étudiant(e) en Mastère d'urbanisme, c'est avec grand intérêt que j'ai pris connaissance de votre concours sur la construction de l'autoroute...

d. ❏ Venant de prendre connaissance de la décision de la mairie de construire une nouvelle ligne de tramway, je vous écris au nom de notre collectif de quartier...

e. ❏ Président(e) de l'association « Citoyens de Maville unis pour le progrès », je me permets de vous écrire au nom de tous les membres...

Organiser son discours

6. D'après le plan dégagé à la question 2, dites dans quelle partie de votre lettre seront utilisés les connecteurs suivants et complétez les phrases ainsi introduites.

1. Toutes les études scientifiques tendent à prouver que ....

....

2. Je n'ignore pas que ....

....

3. Nous sommes persuadés que ....

....

4. Il est vrai que ....

....

5. Il est faux de dire que ....

....

6. Certes ....

....

Faire des concessions

7. Reliez les débuts et fins de phrases suivants en insérant les connecteurs proposés : *mais – toutefois – il est vrai que – s'il est vrai que – cependant – malgré – bien que – en dépit de – nous n'ignorons pas que – certes – tout de même.*

1. .... que ce projet peut accroître les ressources de la commune,

2. .... que l'autoroute ne soit pas directement située sur la commune,

3. .... que la commune a besoin de nouvelles voies de communication,

4. ...., l'attrait économique est un facteur important,

5. .... son intérêt économique à court terme,

6. .... nos avertissements et de nos plaintes,

7. .... que cette autoroute est un projet qui vous tient à cœur personnellement ;

a. ce projet nous semble ignorer les effets à long terme en ce qui concerne la destruction de l'environnement.

b. .... la santé de nos enfants nous semble importante.

c. .... la qualité de vie est une donnée plus importante encore.

d. il risque aussi de diminuer nos ressources naturelles.

e. .... il existe d'autres possibilités, moins polluantes.

f. elle sera .... assez proche pour entrainer une pollution importante.

g. vous avez tenu à faire réaliser cette autoroute que la grande majorité des habitants désapprouve.

Exprimer la cause et la conséquence

8. Formez des phrases exprimant des liens de cause à conséquence.

1. Nous ne pourrons plus laisser nos enfants jouer dehors

2. Pendant les prochaines années, les habitants vont

3. Cette pollution va sans aucun doute

4. Le trafic autoroutier est chaque année

5. À cause de votre projet,

6. Le budget de la commune sera également menacé

a. l'environnement sera dégradé.

b. responsable de milliers de morts.

c. en raison du coût des travaux.

d. engendrer des problèmes de santé publique.

e. subir les conséquences terribles de ce projet.

f. à cause du danger.

Terminer la lettre

9. Une seule formule ne convient pas pour terminer cette lettre. Laquelle ?

a. ❏ Espérant vous avoir convaincu de la légitimité de notre position et de la nécessité de réagir, je vous prie d'agréer, Monsieur le Maire, l'expression de ma considération distinguée.

b. ❏ En vous remerciant de l'attention bienveillante que vous voudrez bien porter à ma candidature, je vous prie d'agréer, Monsieur le Maire, l'expression de ma considération distinguée.

c. ❏ Espérant que notre requête retiendra votre attention, les adhérents de l'Association « Nature et culture à Ableiges » vous prient d'agréer, Monsieur le Maire, l'expression de leurs salutations distinguées.

Rédiger votre lettre

10. Rédigez une lettre complète en respectant la présentation attendue (reportez-vous aux conseils donnés, p. 86). Vous pourrez ensuite consulter la proposition de corrigé, pp. 154-155.

À partir de trois documents, vous allez développer vos compétences pour réussir au mieux l'épreuve de production orale de niveau B2.

Comment procéder ?

1. Repérer le thème du document déclencheur

La thématique répond à la question : de quoi parle le texte ?

2. Trouver la problématique

La problématique est la question posée par le texte. En général, sur un sujet donné, la problématique est une alternative, c'est-à-dire une question à laquelle on peut répondre de deux manières opposées (par exemple, sur la publicité : est-ce qu'elle nous manipule ou bien est-ce qu'elle nous informe ?)

3. Définir un plan

Le plan se compose de plusieurs parties marquant les étapes de la réflexion.
Il comporte généralement entre deux et quatre parties.
Voici les différents types de plan possibles :
– le plan comparatif (avantages / inconvénients ou pour / contre) ;
– le plan dialectique (thèse, antithèse, synthèse ou dépassement de la question) ;
– le plan analytique (il se base sur un raisonnement logique comme par exemple : causes / conséquences ou problèmes / solutions) ;
– le plan par catégories ou plan thématique (par exemple, le problème du point de vue social, environnemental, économique, etc.) ;
– le plan chronologique (NB : ce plan peut être dangereux car il est souvent trop descriptif, narration des faits sans problématisation).

Conseils pour le jour de l'examen

1. Comment prendre des notes ?

Vous ne pourrez et surtout <u>vous ne devrez pas</u> rédiger la totalité de votre intervention. Vos notes se composeront pour l'essentiel de mots-clés (avec éventuellement des connecteurs pour marquer les relations logiques entre les différentes parties) et de bouts de phrases.
Nous vous conseillons cependant de rédiger également quelques phrases entières, si possible relativement complexes. Elles vous permettront d'une part de faire bonne impression au jury grâce à des tournures recherchées et d'autre part de vous reposer pendant votre exposé, car « parler en monologue » est un exercice très fatiguant.
Attention, l'introduction et la conclusion sont des moments essentiels car ce sont les premières et dernières impressions que vous donnerez au jury. Soignez-les bien !

2. Comment exprimer son opinion ?

Au cours de votre exposé, vous devez être capable de formuler votre opinion personnelle sur la question posée par votre problématique. Vous pouvez utiliser diverses expressions : je pense que ; je suis persuadé(e) que ; à mon avis ; je crois que ; selon moi ; il me semble que ; on peut douter du fait que ; je ne suis pas d'accord avec le fait que...

VOS COMPÉTENCES

3. Comment préciser ses idées en les reformulant ?

Pour préciser sa position, on est souvent amené à l'exprimer de différentes façons. Pour cela, il faut reformuler ce qu'on a déjà dit. Voici des mots qui permettent de reformuler ou préciser une idée (ce qui permet aussi de gagner du temps pour réfléchir si l'examinateur vous pose une question) : c'est-à-dire ; c'est-à-dire que ; je veux dire que ; ou plus précisément ; plus exactement ; autrement dit...

4. Comment gagner du temps ?

Si l'examinateur vous pose une question difficile, prenez le temps de penser à votre réponse. Pour ne pas rester muet, essayez d'utiliser les formules suivantes :
– C'est une bonne question...
– À vrai dire... je pense que...
– Alors, oui, en effet, on peut se demander si... (reformulez la question de l'examinateur).
– J'essayais tout à l'heure de resituer... (reformulez l'idée déjà exprimée) car il me semble en effet que...
– En effet, c'est une question tout à fait intéressante et on peut même se demander si...

Nouvelles technologies

 1 Lisez le texte, puis répondez aux questions.

LE CIMETIÈRE DES TECHNOLOGIES

Cela fait déjà deux ou trois ans que les opérateurs de téléphonie, notamment français, consacrent une bonne part de leurs budgets publicitaires et de leurs investissements industriels aux « services » mobiles : tout ce qu'il est possible de faire avec son terminal, en plus de la désormais triviale[1] fonction téléphonie.
Pourtant, ces services tardent à décoller, selon une étude TNS Sofres.

C'est tout particulièrement vrai pour la télévision mobile. Seulement 11 % de l'échantillon considéré par l'institut de sondage se sont dotés d'un terminal permettant de visionner des contenus audiovisuels, et 7 % l'utilisent à cette fin (4 % en France). [...]

Le cimetière des technologies est plein de machines ou de services qui ne sont jamais devenus populaires. Le public n'en a pas voulu parce qu'ils étaient trop compliqués, trop en avance sur leur temps, ou tout simplement inutiles...

Le besoin de regarder des images animées en marchant ou en conduisant ira-t-il jamais au-delà d'un usage très ponctuel et un peu « gadget » ? Ne serait-ce que pour des raisons de sécurité publique...

Cécile Ducourtieux, *Le Monde*, 05/04/08.

---

1. trivial : simple, de base.

Repérer la thématique

1. Dans le texte, le thème traité est :

a. ❏ le téléphone portable.

c. ❏ les gadgets.

b. ❏ les nouvelles technologies.

d. ❏ la publicité pour les téléphones.

2. Relevez les idées et les mots-clés du texte.

....

....

....

Trouver la problématique

3. Reformulez à présent le contenu du texte en une ou deux phrases.

....

....

4. Quelle est la problématique ?

a. ❏ Est-ce que toutes les inventions technologiques sont utiles ou bien est-ce que certaines sont dangereuses ?

b. ❏ Est-ce que toutes les inventions technologiques sont utiles ou bien est-ce que certaines sont inutiles ?

c. ❏ Est-ce que les technologies de la communication permettent de vraiment communiquer ou bien est-ce qu'elles nous rendent individualistes ?

d. ❏ Faut-il arrêter le progrès ou continuer à produire de nouveaux gadgets ?

Rechercher des arguments

5. Notez les idées qui vous viennent à l'esprit en lisant les mots-clés.

....

6. Regardez à présent la liste d'inventions proposées et dites pour chacune d'entre elles si elles vous semblent utiles ou inutiles, et pourquoi.

1. La musique sur le téléphone portable ❏ utile ❏ inutile

Pourquoi ? ....

2. Des films à regarder sur l'écran de son portable ❏ utile ❏ inutile

Pourquoi ? ....

3. Des sonneries de portables originales ❏ utile ❏ inutile

Pourquoi ? ....

4. Le réveil sur le téléphone portable ❏ utile ❏ inutile

Pourquoi ? ....

5. Internet sur le téléphone portable ❏ utile ❏ inutile

Pourquoi ? ....

6. Les SMS ❏ utile ❏ inutile

Pourquoi ? ....

7. Le lecteur de DVD dans la voiture ❏ utile ❏ inutile

Pourquoi ? ....

8. Un ordinateur aussi petit qu'un téléphone ❏ utile ❏ inutile

Pourquoi ? ....

9. Une imprimante de poche ❏ utile ❏ inutile

Pourquoi ? ....

10. L'appareil photo inclus dans le téléphone portable ❏ utile ❏ inutile

Pourquoi ? ....

Formuler une introduction

7. Remettez dans l'ordre les éléments d'introduction proposés ci-dessous. Passez à l'écoute pour vérifier vos réponses.

A. La question qui se pose est : est-ce que ces nouvelles technologies sont toujours utiles ou est-ce qu'elles sont parfois inutiles ?

B. Je montrerai ensuite lesquelles ont marché et lesquelles n'ont pas marché auprès du grand public, en essayant de comprendre pourquoi.

C. Dans un article récent du journal quotidien *Le Monde*, la journaliste Cécile Ducourtieux parle des nouvelles technologies qui font vendre les téléphones portables, comme par exemple la vidéo et le téléchargement de films.

D. Mais on ne s'en sert pas seulement pour téléphoner.

E. Et, enfin, je donnerai mon opinion personnelle sur les nouvelles technologies en général.

F. Aujourd'hui, dans la plupart des pays, tout le monde a déjà un téléphone portable.

G. Selon elle, ce sont parfois des fonctions tout à fait superflues qui n'intéressent pas vraiment les gens.

H. Dans un premier temps, j'examinerai quelles sont les nouvelles technologies qui sont proposées dans mon pays.

1	2	3	4	5	6	7	8
F							

Annoncer son plan et marquer les transitions entre les parties

8. Complétez ces phrases à l'aide des expressions suivantes : *Dans une première partie − ensuite − En conclusion − tout d'abord − Dans une seconde partie − enfin.* **Passez à l'écoute pour vérifier vos réponses.**

a. Je présenterai .... les avantages des nouvelles technologies, j'en montrerai

.... les limites. Je terminerai .... en prenant position sur ce problème.

b. .... nous verrons les avantages qu'offrent les nouvelles technologies.

.... je traiterai de leurs inconvénients.

.... je résumerai ma position par rapport à cette question.

9. Complétez ces phrases à l'aide des expressions suivantes : *Venons-en maintenant à la question de – J'en viens à présent à la deuxième partie de mon exposé – Nous allons à présent voir*. Passez à l'écoute pour vérifier vos réponses.

.... où nous allons passer en revue les côtés négatifs des nouvelles technologies.

.... quelles sont les limites des nouvelles technologies.

.... l'inutilité des nouvelles technologies.

Définir un plan

10. Voici différents plans possibles. Retrouvez les parties manquantes.

Plan comparatif	1. Les nouvelles technologies portables ont une utilité.		2. Mais parfois	
Plan dialectique	1. Les technologies sont	2. Mais elles sont inutiles.	3. Et d'ailleurs elles sont nuisibles pour	
Plan analytique a	1. Les faits : on achète de plus en plus de	2. Les .... : la publicité, le marketing, le désir de se distinguer...	3. Les .... : nous sommes envahis par les gadgets et consommons de plus en plus de produits toxiques.	
Plan analytique b	1. Les faits et leurs causes	2. Les conséquences positives et négatives	3. Les .... : il faut savoir distinguer ce qui est utile pour chacun de ce qui est inutile.	
Plan thématique	1. Dans la vie quotidienne, à quoi servent les gadgets ?	2. Quelle est leur utilité sur le plan économique ?	3. Que peut-on en conclure pour l'avenir de la planète et sur le plan .... ?	

11. Choisissez le plan qui vous semble le plus pertinent sur ce sujet.

....

Formuler une conclusion

12. Reformulez votre position sur le sujet de manière claire. Vous devez répondre à la question posée au départ en introduction.

Ex. : *Il est certain que les machines et les nouveautés technologiques constituent un gain de temps et d'efficacité pour réaliser un certain nombre d'actions (se renseigner sur Internet, compter, etc.). On peut cependant remarquer qu'un grand nombre de gadgets totalement superflus voient le jour.*

....

....

....

....

....
....
....

13. Trouvez une idée, une piste, qui élargisse le débat et le resitue dans une problématique plus générale.

Ex. : *Un certain nombre de nouveautés technologiques sont non seulement inutiles mais aussi néfastes pour la santé (le volume des baladeurs, les ondes des téléphones portables, l'accoutumance de certains jeunes aux jeux vidéo). Ceci devrait faire l'objet d'une véritable législation et d'une information du consommateur.*
Plus que l'inutilité de ces produits, c'est la révolution de la société et l'apparition de nouveaux modes de vie peu sains (immobilité, ondes, pollution et dépenses d'énergie, etc.) qui sont selon moi inquiétantes.

....
....
....
....
....
....
....

Débat : préciser ses idées en reformulant

 14. Reliez une phrase de la première colonne, un connecteur de reformulation et une phrase ou expression de la dernière colonne. Passez à l'écoute pour vérifier vos réponses.

1. On utilise le téléphone portable quotidiennement.

2. Les jeunes se laissent convaincre d'acheter des gadgets.

3. Les publicités visent particulièrement les jeunes.

4. On achète quelque chose pour être à la mode.

5. Souvent on achète des gadgets et, deux mois après, on les jette.

6. Les publicités visent particulièrement les jeunes.

a. je veux dire que

b. c'est-à-dire

c. ou plus précisément

d. c'est-à-dire que

e. autrement dit

f. plus exactement

A. On consomme sans réfléchir.

B. Ces consommateurs représentent la cible la plus facile pour les fabricants.

C. Dans la vie de tous les jours.

D. Les 13-25 ans.

E. On croit qu'on sera à la mode.

F. Une cible plutôt influençable.

Éducation et médias

2 Lisez le texte, puis répondez aux questions.

Une école strasbourgeoise lance un défi de 10 jours sans écran

Pendant dix jours, à partir de mardi, les 250 enfants d'une école de la périphérie strasbourgeoise se priveront volontairement de tout écran de télévision, d'Internet ou de console de jeu, une première en Europe, selon les concepteurs du projet.

« Ce sera le match de toute une école contre un ennemi qui a de gros moyens de séduction, c'est pas gagné d'avance », reconnaît Xavier Rémy, directeur de l'école primaire du Ziegelwasser, quelques jours avant le démarrage de l'opération « Défi, 10 jours pour voir autrement ».

[...] Les parents — qui jouent le jeu avec enthousiasme — et les associations de quartier ont été fortement mobilisés pour proposer des occupations alternatives aux enfants désœuvrés.

[...] L'expérience est née du constat que les enfants passent 1 200 heures par an devant leurs écrans, contre 800 à l'école, et qu'un enfant de 11 ans a vu en moyenne 8 000 meurtres à la télévision [...]. Les études menées au Québec et aux États-Unis sur de telles actions montrent une réduction très sensible des violences verbales et physiques, sans compter une amélioration de l'alimentation et de la santé.

« Faut pas rêver, on n'a pas la prétention de changer le monde avec 10 jours sans écran, mais on croit à ce projet », s'enthousiasme le directeur.

Thérèse Jauffret,
AFP, 20/05/2008.

Repérer la thématique

1. Relevez les mots-clés du texte.

....

Trouver la problématique

Attention ! Pour explorer ce sujet, vous pouvez rappeler les méfaits de la télévision (*cf.* l'avant-dernier paragraphe), mais le sujet n'est pas là. Ici, on se concentre sur les actions concrètes à mener contre l'omniprésence de la télévision.

2. Reformulez à présent le contenu du texte en une ou deux phrases.

Cette dépêche de l'Agence France Presse (AFP) relate une expérience ....

....

....

3. Recherchez la problématique. Elle doit se présenter sous forme de question.

....

....

Rechercher des arguments

4. Recherchez toutes les activités, les actions que vous proposeriez pour aider les jeunes à passer moins de temps devant un écran.

....

....

5. Posez-vous également la question suivante : est-il vraiment possible de supprimer les écrans aux enfants aujourd'hui ?

....

....

....

Trouver un plan

6. À l'aide des indications données sur les différents types de plans p. 104, notez les parties de votre exposé sous forme de mots-clés. Vous trouverez dans le corrigé p. 155 une proposition de plan analytique. Ce plan n'est cependant pas le seul valable.

....

....

....

Formuler l'introduction et la conclusion

7. Formulez votre introduction.

1. Présentez le thème traité et le document :

Ce document traite le problème de ....

....

2. Présentez la problématique de votre exposé sous forme de question :

La question qui se pose est donc ....

....

3. Annoncez le plan de votre exposé :

Nous verrons tout d'abord ....

....

8. Formulez votre conclusion.

1. Reformulez votre position sur le sujet de manière claire en répondant à la question posée au départ :

Il est donc certain que ....

....

....

2. Trouvez une idée, une piste, qui élargisse le débat et le restitue dans une problématique plus générale :

Ce problème renvoie au rôle des parents et de l'éducation en général. En effet, ...

....

....

Société

3 Lisez le texte, puis répondez aux questions.

Vieux mais pas seuls

À l'âge où le fil de la vie devient plus ténu, ils ont trouvé les moyens d'échapper au piège de la solitude. L'une s'adonne au bénévolat, l'autre a trouvé l'âme sœur sur le Net, un troisième accueille un locataire sous son toit, et la quatrième récolte les fruits qu'elle a semés toute sa vie : l'amour des autres. Leurs témoignages résonnent comme autant de voies à explorer pour nous aider à bien vieillir.

« C'est l'histoire du banc… », prévient d'emblée Geneviève Laroque, présidente depuis quinze ans de la Fondation nationale de gérontologie. « L'été dernier, j'étais immobilisée chez moi, dans mon rez-de-chaussée qui fait face à un vieil ensemble HLM d'une banlieue populaire, et chaque jour quatre très vieilles femmes, pas toujours les mêmes, venaient s'installer sur un banc sous mes fenêtres, papotant des heures, riant même… Des dames somptueusement ordinaires : visiblement veuves, à Ivry depuis longtemps et pas riches ; malgré tout, elles se dépatouillaient avec la vie, entretenaient un réseau relationnel varié, qui semblait les préserver de l'isolement. »

Claire Moreau-Shirbon, *La Vie*, n° 3187, 28/09/06.

Repérer la thématique

1. Relevez les mots-clés du texte.

....

Trouver la problématique

2. Reformulez à présent le contenu du texte en une ou deux phrases.

....

....

3. Recherchez la problématique.

....

....

Rechercher des arguments

4. Recherchez tous les facteurs qui contribuent à isoler les personnes âgées.

....

....

5. Cherchez également des facteurs qui leur permettent de rester en contact avec la vie. Comparez la situation décrite dans le document avec celle de votre pays.

....

....

Trouver un plan

6. À l'aide des conseils de la page 104, choisissez un type de plan et notez les parties de votre exposé sous forme de mots-clés. Vous trouverez dans le corrigé p. 155 une proposition de plan comparatif. Ce plan n'est cependant pas le seul valable.

....

....

....

....

....

....

....

....

....

....

....

....

....

Formuler l'introduction et la conclusion

7. Formulez votre introduction et votre conclusion en suivant la démarche proposée dans les exercices 7 et 8 (p. 111).

....

....

....

....

....

....

....

....

....

....

....

....

PASSEZ
L'EXAMEN

Pour être parfaitement prêt(e) à passer l'examen, nous vous proposons deux examens d'entraînement sur le modèle des épreuves que vous aurez réellement quand vous vous présenterez au DELF B2.

Qu'est-ce qu'on vous demande ?

Mettez-vous dans les conditions de l'examen. Respectez les temps impartis.

N'oubliez pas de lire d'abord le texte écrit en entier avant de répondre aux questions.

Pour évaluer la compréhension de l'oral et la compréhension des écrits, appliquez les barèmes indiqués (réponse juste ou fausse) en vous aidant des corrigés ; l'évaluation est « mathématique » selon le nombre de points attribués à chaque question. Pour la production écrite et la production orale, vous suivrez les barèmes reproduits, p. 10.

Quelques conseils le jour de l'examen

◖ POUR LES TROIS ÉPREUVES COLLECTIVES (UN JOUR) :

• N'oubliez pas une pièce d'identité et votre convocation.

• N'oubliez pas d'apporter une montre (et pas un téléphone portable pour lire l'heure, car vous ne pourrez pas le garder avec vous).

• Vous écrirez sur des feuilles distribuées avec les sujets. Vous utiliserez aussi les feuilles de brouillon de couleur qui vous seront données.

• Vous aurez ensuite 2 heures pour répondre au questionnaire vérifiant la compréhension des écrits (1 heure) et pour rédiger votre production écrite (1 heure). Veillez à bien gérer votre temps entre les deux épreuves. Ne passez pas trop de temps sur l'une au détriment de l'autre.

• Pour la production écrite, utilisez les feuilles de brouillon pour mettre au clair vos idées, faire le plan de votre rédaction, écrire l'essentiel. Il n'est pas toujours nécessaire de tout écrire au brouillon si vous savez exactement ce que vous voulez dire. Prenez le temps de relire. Faites des lectures successives qui soient sélectives : relire d'abord pour vérifier les accords sujet-verbe, puis relire pour les accords articles-noms-adjectifs ; relire encore pour vérifier les accents, pour vérifier les temps verbaux, etc. Respectez le nombre de mots indiqués (250 mots) ; il n'y a qu'une petite marge de tolérance. En outre, si vous écrivez davantage, vous avez une probabilité plus grande de faire des fautes !

◖ POUR L'ÉPREUVE INDIVIDUELLE

• N'oubliez pas de dire « Bonjour » et « Au revoir » !

• Vous aurez le choix entre deux sujets. Utilisez le temps de préparation pour écrire quelques notes. N'écrivez pas toutes vos phrases.

• Soyez détendu(e), ouvert(e) au dialogue. N'hésitez pas à faire répéter votre interlocuteur si vous ne comprenez pas bien.

• Faites des phrases courtes et simples avec un bon débit, plutôt que de vouloir faire des phrases compliquées en hésitant trop.

PASSEZ L'EXAMEN DELF B2

 ## ÉPREUVE DE COMPRÉHENSION DE L'ORAL *25 points*

Répondez aux questions en cochant (☒) la bonne réponse, ou en écrivant l'information demandée.

Exercice 1

5 points

Vous allez entendre une seule fois un enregistrement sonore de 2 minutes environ.
Vous aurez tout d'abord 1 minute pour lire les questions. Après l'enregistrement, vous aurez 3 minutes pour répondre aux questions.
Répondez en cochant (☒) la bonne réponse. Lisez maintenant les questions.

1. Le reportage parle : *1 point*
a. ❏ de toute l'Afrique. **b.** ❏ des Caraïbes. **c.** ❏ de l'Afrique de l'Ouest.

2. La sécheresse : *1 point*
a. ❏ est un phénomène nouveau.
b. ❏ existe depuis 30 ans.
c. ❏ sera très grave dans 30 ans.

3. Les chercheurs se sont déjà réunis en 2001. *1 point*
a. ❏ Vrai. **b.** ❏ Faux. **c.** ❏ On ne sait pas.

4. La dernière cause des changements climatiques découverte est : *1 point*
a. ❏ l'augmentation de la température de la mer.
b. ❏ la coutume de brûler les sols.
c. ❏ la déforestation.

5. Les découvertes vont permettre : *0,5 point*
a. ❏ de diminuer les quantités de pluie.
b. ❏ d'augmenter les quantités de pluie.
c. ❏ de savoir quand il pleuvra.

6. Les cyclones des Caraïbes viennent des côtes africaines. *0,5 point*
a. ❏ Vrai. **b.** ❏ Faux. **c.** ❏ On ne sait pas.

Exercice 2

20 points

Vous allez entendre 2 fois un enregistrement sonore de 4 minutes environ.
Vous aurez tout d'abord 1 minute pour lire les questions. Puis vous écouterez une première fois l'enregistrement. Concentrez-vous sur le document. Ne cherchez pas à prendre de notes.
Vous aurez ensuite 3 minutes pour commencer à répondre aux questions.
Vous écouterez une deuxième fois l'enregistrement.
Vous aurez 5 minutes pour compléter vos réponses.

1. Donnez trois exemples d'objets contenant des nanoparticules : *3 points*

....

....

2. Il y a déjà eu plusieurs colloques organisés par la communauté européenne sur ce thème. *1 point*

a. ❏ Vrai.   **b.** ❏ Faux.   **c.** ❏ On ne sait pas.

3. Quel est le point commun entre OGM et nanotechnologies ?   *2 points*

....

4. Le nanomètre est :   *2 points*

a. ❏ 3 000 fois

b. ❏ 30 000 fois   } plus petit qu'un ....

c. ❏ 300 000 fois

5. À quoi sont comparés 100 nanomètres ? .... *1 point*

6. Le rouge à lèvres contient des nanotechnologies ?   *1 point*

a. ❏ Vrai.   **b.** ❏ Faux.   **c.** ❏ On ne sait pas.

7. Quelle est la différence entre les nanoparticules présentes dans une bouteille
en plastique et celles que l'on trouve dans les gaz des voitures ?   *2 points*

....

....

....

8. Combien de produits de consommation courante contiennent des nanotechnologies ? *1 point*

....

9. Pourquoi est-il difficile de savoir si les produits contiennent des nanoparticules ?   *1 point*

....

10. La journaliste a interviewé :   *1 point*

a. ❏ une scientifique spécialiste des nanoparticules.

b. ❏ une représentante des associations de consommateurs.

c. ❏ une responsable du ministère de l'Industrie.

11. Une déclaration d'utilisation des nanoparticules est :   *1 point*

a. ❏ obligatoire pour les industriels.

b. ❏ fortement conseillée par l'État.

c. ❏ impossible à mettre en place.

12. Quel message veut faire passer la personne interviewée ?   *2 points*

....

....

13. Quel est le danger des nanoparticules souligné par la journaliste ?   *2 points*

....

ÉPREUVE DE COMPRÉHENSION DES ÉCRITS *25 points*

Exercice 1

14 points

Réorientez votre carrière

Faire le point sur ses acquis, ses aptitudes et ses motivations professionnelles, c'est ce qu'offre le bilan de compétences. Un dispositif qui ne concerne plus seulement les demandeurs d'emploi mais de plus en plus de salariés qui veulent redécouvrir leurs talents pour faire évoluer leur carrière.

Un moment de réflexion accessible à tous ▬▬

« Il y a neuf ans, j'allais au boulot en traînant les pieds, mon travail ne m'apportait plus rien », se souvient Frédérique, 34 ans, qui était alors orthophoniste depuis douze ans. Elle avait l'impression de stagner et l'isolement lié à son exercice en libéral lui pesait. Elle rêvait de programmation informatique.

Pour opérer une telle reconversion professionnelle, un passage obligé : le bilan de compétences. Cette démarche personnelle et volontaire, ouverte à tous, permet de faire le point sur ses compétences, ses aptitudes et ses motivations dans le but de mettre sur pied, éventuellement, un nouveau projet professionnel. Le bilan de compétences a été inscrit dans le code du Travail en 1990 dans le chapitre dédié à « la promotion individuelle » et au « congé de formation ».

Deux cent mille bilans de compétences sont effectués chaque année en France. 62 % d'entre eux concernent des chercheurs d'emploi, mais il est aussi de plus en plus utilisé par les employés comme un moyen de maîtriser l'évolution de leur carrière. C'est ce qu'a expérimenté Frédérique, qui a réussi à devenir programmatrice informatique. Et aujourd'hui elle entame un autre bilan de compétences car elle s'apprête à donner un nouveau souffle à sa carrière en créant sa propre entreprise.

Un véritable travail sur soi ▬▬

Pour elle, le bilan de compétences apporte aussi une cohérence à son parcours professionnel : ce sont ses centres d'intérêts, ses valeurs personnelles qui servent de fil conducteur à sa carrière et non pas une suite d'opportunités. La démarche exige un véritable investissement personnel. Le bilan représente dix à vingt-quatre heures d'entretiens avec un conseiller, plus des exercices et recherches à faire chez soi. Les entretiens, répartis selon les disponibilités, sont composés de séances hebdomadaires de deux à trois heures réparties sur deux à trois mois, en moyenne.

Même si chaque organisme agréé a ses propres méthodes, les ingrédients sont communs : tests psychologiques de personnalité, et beaucoup de dialogue. Et ça marche : d'après Jean-Pierre Vacher, président de la fédération des Centres Interinstitutionnels de Bilan de Compétences (CIBC), les chômeurs ayant bénéficié d'un bilan de compétences qui retrouvent un emploi y restent beaucoup plus longtemps que ceux qui n'en ont pas suivi.

Un outil parfois mal perçu ▬▬

Si 73 % des personnes ayant entrepris un bilan de compétences se disent satisfaites, rappelle une étude menée par le ministère du Travail, un bilan sur dix n'aboutit pas à une issue heureuse. « Une pierre d'achoppement apparaît quand la personne prétend avoir des compétences qu'elle n'a pas », constate Jean-Pierre Vacher.

De leur côté, les entreprises peuvent proposer à leurs salariés d'avoir recours à un bilan mais aujourd'hui seuls 5 % d'entre eux sont faits à la demande de l'employeur. « Les directions des ressources humaines (DRH) font valoir que les résultats restent confidentiels et ne sont donc pas exploitables », résume Jean-Marie Perretti, professeur de ressources humaines à l'école de commerce ESSEC.

Une autre raison, moins avouable, explique cette timidité : l'employeur redoute qu'à l'issue du bilan de compétences, le salarié exprime des demandes qu'il ne pourrait (ou ne voudrait) pas satisfaire en matière d'évolution de carrière ou de salaire...

Capucine Casati, *Pélerin.info*, 31/10/07.

1. Cochez VRAI ou FAUX et justifiez votre réponse en citant un passage du texte. *3 points*

	VRAI	FAUX
a. Le bilan de compétences s'adresse aux chômeurs ou à ceux qui veulent se réorienter. Justification :		
b. La loi exige un bilan de compétences pour trouver un travail. Justification :		
c. Les entreprises craignent les bilans de compétences. Justification :		

2. Quels problèmes Frédérique rencontrait-elle dans son ancien travail ? *2 points*

....

3. Quels sont les objectifs d'un bilan de compétences ? Cochez les bonnes réponses. *2 points*

a. ❏ réfléchir sur son expérience et ses capacités

b. ❏ apprendre un nouveau métier

c. ❏ faire le point sur ce qu'on a envie de faire

d. ❏ faire le point sur l'écart entre ses compétences et ses performances

4. Quelles sont les obligations d'une personne qui décide de faire un bilan de compétences ? *2 points*

....

....

....

5. Trouvez dans le texte une explication à l'échec d'un bilan de compétences : *1 point*

....

....

6. Expliquez les expressions ou mots soulignés. *4 points*

a. j'allais au boulot en traînant les pieds

....

b. mettre sur pied un nouveau projet

....

c. elle s'apprête à donner un nouveau souffle à sa carrière

....

d. une pierre d'achoppement

....

Exercice 2

11 points

Un observatoire des fins de vie

Que l'on veuille ou non modifier la loi Leonetti, il est urgent de mettre en place une politique sérieuse d'évaluation des pratiques médicales.

Le rapprochement de nos deux signatures au bas d'un texte commun était a priori hautement improbable. En effet, nous avons, sur les questions de fin de vie, des conceptions très opposées. L'un est médecin dans une unité de soins palliatifs et ancien président de la Société française d'accompagnement et de soins palliatifs (SFAP). Il est opposé à une légalisation de l'euthanasie et-ou à l'instauration d'un droit au suicide médicalement assisté. L'autre est l'avocat de Chantal Sébire[1] et le vice-président de l'Association pour le droit de mourir dans la dignité (ADMD). Cette association milite en faveur de la légalisation d'une aide active à mourir, sous contrôle médical, à la demande expresse de patients « en phase avancée ou terminale d'une affection grave et incurable ». [...]

Néanmoins, nous pensons tous les deux que la loi d'avril 2005 – dite loi Leonetti – est une avancée considérable en faveur du respect des droits des patients. Elle met la question du sens des actes médicaux au cœur de son dispositif. Elle reconnaît à chaque patient le droit de refuser toute forme de traitement. Elle permet aux médecins de ne pas prolonger sans raison la vie artificielle de certains patients en coma végétatif. Pour soulager les souffrances, elle autorise l'utilisation de traitements pouvant avoir pour effet secondaire d'abréger la vie. Le problème majeur que pose aujourd'hui cette loi est qu'elle est très mal connue par nos concitoyens et même par une partie importante des professionnels de santé. Combien de personnes à ce jour ont désigné une personne de confiance ? Combien de personnes ont rédigé des directives anticipées permettant, en cas d'inconscience, de faire connaître leurs souhaits en matière de limitation ou d'arrêt des traitements ? Combien de patients se heurtent aujourd'hui au refus de certains médecins d'appliquer la loi ? Combien de familles, de proches, ne peuvent obtenir une délibération collégiale pour examiner la question d'une éventuelle situation d'obstination déraisonnable pour un patient en état végétatif chronique ? Combien de patients cancé-

reux acquiescent à une énième ligne de chimiothérapie « palliative » par crainte d'un abandon en cas de refus ?

Malgré nos opinions fort divergentes sur la nécessité de faire ou non évoluer la loi, nous nous accordons sur un point fondamental : la nécessité – urgente – d'une évaluation rigoureuse des conditions dans lesquelles se déroulent les fins de vie en France. À quelques exceptions près, comme celle d'Edouard Ferrand [anesthésiste-réanimateur à l'hôpital Henri-Mondor, à Créteil], les études en ce domaine sont trop rares pour ne pas laisser la place à des convictions assénées avec passion plutôt qu'à l'analyse rationnelle de la réalité.

Nous insistons donc sur la nécessité de mettre en place un observatoire national des pratiques médicales en fin de vie. Sa mission pourrait être de faire connaître auprès des professionnels et du grand public la loi et les droits des patients, mais aussi de promouvoir et soutenir des recherches pluridisciplinaires sur ces sujets. Il pourrait être un outil de médiation et de recours pour tous ceux qui se sentent éventuellement concernés par une situation d'obstination déraisonnable, voire, si nécessaire, exercer des missions d'expertise de manière à éviter tout risque de judiciarisation de ces questions.

Si la loi venait à être modifiée (ce que l'un souhaite et l'autre pas), cet observatoire pourrait éventuellement préfigurer la haute autorité qui, en Belgique comme aux Pays-Bas, contrôle et évalue les actes d'euthanasie. Il permettrait de recueillir les paramètres nécessaires à une véritable politique d'évaluation des pratiques médicales en fin de vie afin d'offrir des outils validés pour alimenter la réflexion des citoyens et de leurs représentants. Seule une évaluation précise de la situation nous semble pouvoir permettre d'éclairer le nécessaire débat citoyen et politique qui s'impose à nous.

Bernard Devalois et Gilles Antonowicz[2],
Un observatoire des fins de vie, Le Monde, 21/03/08.

---

1. Chantal Sébire, souffrant d'une tumeur lui déformant le visage, avait demandé le droit de mourir, ce que le tribunal ne lui a pas accordé.
2. Bernard Devalois est médecin à l'unité de soins palliatifs de Puteaux (Hauts-de-Seine). Gilles Antonowicz est avocat, vice-président de l'Association pour le droit de mourir dans la dignité.

Répondez aux questions en cochant (☒) la bonne réponse.

1. Le thème général du texte est :   *1 point*

a. ❑ un plaidoyer pour le droit à la fin de vie volontaire et consciente.

b. ❑ un plaidoyer pour le droit à la fin de vie sur les patients graves même inconscients.

c. ❑ une argumentation pour demander que des études soient faites sur les patients en fin de vie.

d. ❑ une argumentation pour demander la possibilité d'agir en justice sur la question.

2. Dans le 1er paragraphe, les deux auteurs disent :   *1 point*

a. ❑ qu'ils ont l'habitude de faire des recherches ensemble et de publier sous deux noms.

b. ❑ qu'ils ont déjà publié un article sur la question.

c. ❑ qu'ils n'ont jamais écrit ensemble même s'ils partagent les mêmes convictions.

d. ❑ qu'ils n'ont jamais écrit ensemble car ils ne sont pas d'accord sur la question.

3. La loi dite Leonetti est un progrès :   *1 point*

a. ❑ pour les patients seulement qui peuvent choisir.

b. ❑ pour les médecins seulement.

c. ❑ pour les patients et les médecins.

d. ❑ pour aucun des deux.

4. Quel droit ont les médecins actuellement ? (*2e paragraphe*)   *1 point*

....

5. Dans le 3e paragraphe, les auteurs :   *1 point*

a. ❑ pensent que beaucoup de personnes ont déjà laissé des indications en cas de maladie grave.

b. ❑ supposent que peu de personnes ont écrit des dispositions concernant leur propre mort.

c. ❑ pensent que de nombreuses personnes sont prêtes à laisser des indications.

d. ❑ condamnent le fait que les gens puissent laisser un « testament » réglementant leur mort.

6. Actuellement quel est le problème qui empêche une réflexion objective ?
(*4e paragraphe*)   *1 point*

a. ❑ Il n'y a pas assez de recherches sur la situation des malades terminaux.

b. ❑ Il n'y a pas assez de recherches sur les soins anti-douleur.

c. ❑ Le sujet est trop passionné pour que l'objectivité soit possible.

d. ❑ Il est impossible de toute façon de changer la loi.

7. Quels seraient les avantages d'un observatoire des fins de vie ? (*4ᵉ et 5ᵉ paragraphes*)
Cochez les bonnes réponses. *2 points (0,5 point par réponse)*

a. ❏ mieux informer la presse nationale

b. ❏ informer les patients et leur famille

c. ❏ promouvoir la recherche

d. ❏ informer le milieu médical

e. ❏ soutenir les familles en justice

f. ❏ intervenir comme recours en cas de désaccord entre la famille et les médecins
sur le prolongement des soins

8. Répondez aux questions suivantes avec vos propres mots. *3 points*

a. Expliquez ce qu'il faut entendre par « droit au suicide médicalement assisté ».

....

....

....

b. Qu'est-ce qu'un patient en « état végétatif chronique » ?

....

....

....

c. Pourquoi un débat sur la fin de vie est-il qualifié de « débat citoyen » ?

....

....

....

ÉPREUVE DE PRODUCTION ÉCRITE

25 points

Lettre argumentée

Vous venez d'assister au conseil municipal de votre ville et vous regrettez que l'on ne donne pas plus d'importance aux suggestions des habitants. Vous écrivez au maire de la commune pour lui demander d'instaurer un conseil des habitants au cours duquel chacun pourrait faire des propositions pour améliorer la qualité de la vie dans la ville.

Vous lui indiquez les modalités de fonctionnement de ce conseil et les avantages d'une telle organisation pour la démocratie dans votre ville. (250 mots environ)

....
....
....
....
....
....
....
....
....
....
....
....
....
....
....
....
....
....
....
....
....
....
....
....
....

ÉPREUVE DE PRODUCTION ORALE

25 points

30 min de préparation
20 min de passation

Consignes

Présenter et défendre un point de vue construit et argumenté à partir d'un court texte déclencheur.
Débat avec l'examinateur.

Vous dégagerez le problème soulevé par le document ci-dessous.
Vous présenterez votre opinion sur le sujet de manière argumentée et vous la défendrez
si nécessaire.

Au choix sujet n° 1 ou sujet n° 2.

Sujet n° 1

Les bulles font rajeunir les grands classiques

Souvent adapté au cinéma mais rarement en BD, le patrimoine littéraire s'offre une seconde jeunesse.
Le cofondateur du studio qui gère la mise en image affirme que « les œuvres y seront traitées dans des
styles graphiques variés. La seule contrainte étant de rester très proches des textes originaux ». Une
volonté respectée à la lettre dans les deux premiers titres publiés. *Les Trois mousquetaires* d'Alexandre
Dumas et *Robinson Crusoé* de Daniel Defoe. S'adressant surtout à un jeune public, on aurait pu craindre
que ce dernier soit rebuté par des dialogues compliqués. Mais au contraire, la bande dessinée confère
une étonnante fluidité à la lecture de textes formellement très académiques. Agrémentée d'une biographie de l'écrivain et d'une présentation du manuscrit concerné, chaque œuvre sera développée en
un ou plusieurs tomes.

Olivier Mimran, 20minutes.fr, 28/03/07

Sujet n° 2

LE PROBLÈME DES DISTRIBUTEURS

Chaque jour, 100 000 produits de grignotage et boissons sucrées sont écoulés dans les collèges et
les lycées grâce à 10 000 distributeurs automatiques. « Ces machines sont source d'obésité, de
diabète et de maladies cardiovasculaires pour nos enfants, s'insurge Martin Hirsh, patron de l'Agence
Française pour la Sécurité Alimentaire. On ne tolérerait pas la présence de distributeurs de cigarettes
dans les établissements scolaires, il faut adopter la même fermeté à l'égard des boissons et des
sucreries. » [...] « Essayez de faire acheter à un gamin une pomme à 4 heures. [Les enfants] sont des
clients comme les autres et nous leur donnons ce qu'ils aiment », se défend Jean-Loup Bariller.

C.L. et O.R., *Le Point*, 15/05/07

ÉPREUVE DE COMPRÉHENSION DE L'ORAL   *25 points*

Répondez aux questions en cochant (☒) la bonne réponse, ou en écrivant l'information demandée.

Exercice 1   *5 points*

Vous allez entendre une seule fois un enregistrement sonore de 1 minute 40 environ.
Vous aurez tout d'abord 1 minute pour lire les questions. Après l'enregistrement, vous aurez 3 minutes pour répondre aux questions.
Répondez en cochant (☒) la bonne réponse. Lisez maintenant les questions.

1. Il s'agit d'un journal d'informations :
a. ☐ internationales.   **b.** ☐ nationales.   **c.** ☐ régionales.

2. Joséphine est :
a. ☐ une jeune Chinoise en stage à l'aquarium.
b. ☐ un poisson.
c. ☐ une personne du personnel soignant de l'aquarium.

3. Ses agresseurs :
a. ☐ sont entrés sans payer.
b. ☐ sont entrés en payant.
c. ☐ ont payé leur billet d'entrée et une amende.

4. Le tableau de la Joconde se trouve :
a. ☐ pour six mois dans la maison de Léonard de Vinci à Amboise.
b. ☐ pour dix mois dans la maison de Léonard de Vinci, le Clos Lucé.
c. ☐ pour six mois dans une tour du château d'Amboise.

5. La région souffre :
a. ☐ d'un manque de pluies : deux tiers de pluie en moins au cours de l'année et des risques de feux.
b. ☐ d'un déséquilibre des pluies qui perturbe la fête du 14 juillet.
c. ☐ d'un risque grave d'inondation : deux villes ont été évacuées.

Exercice 2   *20 points*

Vous allez entendre 2 fois un enregistrement sonore de 3 minutes environ.
Vous aurez tout d'abord 1 minute pour lire les questions. Puis vous écouterez une première fois l'enregistrement. Concentrez-vous sur le document. Ne cherchez pas à prendre de notes.
Vous aurez ensuite 3 minutes pour commencer à répondre aux questions.
Vous écouterez une deuxième fois l'enregistrement.
Vous aurez 5 minutes pour compléter vos réponses.

1. Le reportage parle : *1 point*

a. ❑ de mode. **b.** ❑ d'éducation. **c.** ❑ des deux.

2. Combien de temps a-t-il fallu au concepteur pour arriver à concrétiser son idée ? *1 point*

....

3. Complétez le tableau. *3 points*

Nom du vêtement	Spécificités du vêtement
SUIVEZ LA FLÈCHE	**a.** ....
b.	EXPLIQUER L'ANATOMIE
TOMBER SUR UN OS	**c.** ....

4. En quelles langues sont imprimés les supports dont il est question dans le reportage ?

3 points

....

5. Quel est l'avantage du vêtement « Tomber sur un os » ? *1 point*

....

6. Comment s'appelle le vêtement n° 4 ? Pourquoi ce nom ? *2 points*

....

....

7. L'inventeur de ce concept veut : *1 point*

a. ❑ remplacer les explications des instituteurs.

b. ❑ aider les enfants pendant les interrogations.

c. ❑ aider les enfants à apprendre leurs leçons.

8. Sur quelle partie du vêtement n° 4 sont écrites les informations ? *1 point*

....

9. Dans quels pays les vêtements sont-ils vendus ? *3 points*

....

10. Donnez le nom du site Internet : .... *2 points*

11. Tout le monde peut acheter ces vêtements. *2 points*

a. ❑ Vrai. **b.** ❑ Faux. **c.** ❑ On ne sait pas.

Justifiez : ....

ÉPREUVE DE COMPRÉHENSION DES ÉCRITS *25 points*

Exercice 1   *14 points*

hygiène   Les grandes villes réduisent
leur population de volatiles, trop envahissants

Pigeon biset, prends garde à toi

Boursouflé, unijambiste, pouilleux ou bien portant, le pigeon des villes est sans doute l'animal qui déclenche le plus de passions urbaines. Ses ardents défenseurs en font une victime de la brutalité des citadins et dénoncent sans vergogne « apartheids » et « génocide » que subirait le volatile. Ses détracteurs le qualifient de « rat volant » véhiculant toutes sortes de parasites, de surcroît agressif puisqu'il foncerait délibérement sur le piéton terrorisé.

« Hôtes des villes depuis le Moyen Âge », rappellent les services vétérinaires de Lyon, le biset a, au fil du temps, un peu trop pris ses aises. Principal grief, ses déjections, très acides, détériorent les façades des bâtiments. Face à l'afflux des plaintes pour nuisance, les munici-palités établissent des plans d'actions contre le volatile en prenant appui sur des arguments sanitaires. Le CNRS vient d'ailleurs de lancer une étude sur les modes de vie du pigeon en milieu urbain.

Paris, Lyon et Marseille partagent le même constat de surpopulation. Moins malin que le rat, selon les vétérinaires, mais opportuniste, le pigeon trouve dans la cité de quoi s'alimenter en abondance tous les jours (déchets, marchés, habitants) et des bâtiments où nicher. Car le pigeon ne construit pas son propre nid, il squatte. C'est un « cavernicole troglodyte », en langage scientifique. Or, ses lieux de nidification enveniment ses relations avec les humains. Paris et Lyon jouent la carte de la cohabitation pacifique, préférant prôner le respect de la faune plutôt qu'un discours répressif qui braquerait les amis des animaux. Marseille, plus direct, ose pour sa part parler de « dépigeonisation ».

[...] « Nous ne souhaitons pas éradiquer les pigeons », assure-t-on à la mairie de Paris, par souci de préserver la place de l'oiseau sur les cartes postales. Maintenir la biodiversité fait partie des préoccupations, d'autant que « si nous avions moins de pigeons, nous aurions beaucoup plus de rats », assure le service d'hygiène et de santé de la ville de Lyon, qui rappelle leur rôle de nettoyeurs.

D'après les vétérinaires, un pigeon est moins nuisible qu'un rat car « s'il transporte des germes au moins il ne mord pas. » Reste que enfants, vieillard, diabétiques, greffés et personnes présentant un déficit immunitaire ont intérêt à se tenir à distance. [...]

Cependant « le problème n'est pas tant les pigeons que leur concentration », expliquent les responsables municipaux, qui ne parviennent pas à chiffrer les bandes mais notent une surpopulation par endroits « du fait des nourrisseurs ». Souvent une vieille dame esseulée, le nourrisseur est la bête noire des municipalités car il provoque des regroupements. Or « des rassemblements de 400 pigeons à proximité d'une école ou d'un jardin public ne sont pas souhaitables ».

[...] Les municipalités marchent sur des œufs. Comment éviter de passer pour des bourreaux de pigeons ? Ils vont au-devant des nourrisseurs et tentent de les convaincre des enjeux d'hygiène et de santé publiques et les découragent : nourrir les pigeons des villes est sanctionné en France par une amende de 450 euros.

Marie-Joëlle GROS, Libération, 19/10/2006.

1. Cochez VRAI ou FAUX et justifiez votre réponse en citant un passage du texte. *3 points*

	VRAI	FAUX
a. Il est démontré que le pigeon fonce sur le piéton. Justification :		
b. Les habitants des villes n'apprécient pas la présence des pigeons. Justification :		
c. La mairie de Paris veut faire disparaître tous les pigeons. Justification :		

2. Quel est le ton du journaliste quand il dit « ... de surcroît agressif puisqu'il foncerait délibérément sur le piéton terrorisé » ? *1 point*

a. ❑ polémique **b.** ❑ ironique **c.** ❑ alarmiste

3. Quels sont les deux grands problèmes posés par les pigeons ? *2 points*

....

....

4. Quels seraient les deux dangers de l'élimination totale des pigeons ? *2 points*

....

....

5. Expliquez, avec vos propres mots, les expressions ou mots soulignés. *4 points*

a. Ses lieux de nidification <u>enveniment</u> ses relations avec les humains.

....

b. Paris et Lyon <u>jouent la carte</u> de la cohabitation.

....

c. Souvent une vieille dame <u>esseulée</u>, le nourrisseur...

....

d. Les municipalités <u>marchent sur des œufs</u>.

....

6. Donnez un synonyme de : *2 points*

a. bien portant : ....

b. déclencher : ....

Les coopératives à la rescousse des producteurs de vanille

Devant la dégringolade des prix de la vanille, créer des coopératives financières a permis à plusieurs milliers de producteurs de vanille du nord-est de Madagascar de maintenir la tête hors de l'eau.

Le prix de la vanille, principal produit d'exportation de cette île de l'océan Indien, diminue progressivement depuis 2003 ; cette année-là, l'épice avait atteint le prix record de 450 à 500 dollars le kilo, avant de tomber à 50 dollars le kilo au début de l'année 2005, puis à environ 30 dollars le kilo en 2007.

La vanille est principalement produite dans la région fertile de la Sava, dans le nord-est, où quelque 70 % de la population dépendent de cette épice, selon le Fonds international des Nations Unies pour le développement agricole (FIDA). L'agence avait lancé le système des coopératives en 1998/99, à une époque où la vanille avoisinait son prix actuel.

« Les prix de la vanille fonctionnent selon un cycle de 10 ans ; nous voulions permettre aux petits paysans d'avoir un filet de sûreté au moment où le prix devait baisser », a expliqué Benoît Thierry, responsable des programmes du FIDA à Madagascar. « C'est sans doute la plus belle réussite du projet — avoir su lier la production et les ventes à un système d'épargne et de crédit ».

Dans le cadre du Programme d'amélioration et de développement agricoles du nord-est, trois types de coopératives ont été créés, l'une pour faire en sorte que les paysans disposent d'un filet de sûreté financier, l'autre pour leur permettre de se regrouper, ajouter de la valeur à leur vanille et les aider à la commercialiser et enfin celle qui leur permet d'être parallèlement plus autosuffisants en matière de production rizicole, afin d'assurer leur sécurité alimentaire au cours de la saison sèche.

Avant la création des coopératives, les petits cultivateurs gaspillaient souvent leurs économies pour s'acheter des biens de consommation. « Heureusement que le programme était en place lorsque les prix ont atteint leur niveau record, en 2003, car les paysans ont ainsi pu économiser ce qu'ils avaient gagné », a expliqué M. Thierry.

Cinq ans pour obtenir de la vanille

La vanille, seule orchidée fructifère, est une des cultures les plus consommatrices de main-d'œuvre du monde, et il faut compter pas moins de cinq ans entre la plantation et la production de l'extrait de vanille mature.

La production exige la participation de toute la famille, qui pollinise la vanille à la main lorsqu'elle fleurit (deux ans après la plantation), puis cueille, traite et sèche les gousses.

En plus de fournir aux paysans les fonds nécessaires pour se procurer des ressources agricoles, les coopératives financières leur permettent également d'obtenir des crédits au cours de la période de soudure, qui dure la plus grande partie de l'année, la vanille n'étant vendue qu'entre juin et octobre, a expliqué M. Thierry. [...]

Le programme a permis de créer 150 coopératives rizicoles, chacune disposant de 10 à 30 hectares de terres, gérés par ses membres. « Cela permet de nourrir la région, surtout quand les prix de la vanille sont bas, comme c'est le cas en ce moment ».

Ajouter de la valeur

Les coopératives de producteurs de vanille, fortes de quelque 10 000 membres, ont permis aux paysans d'ajouter de la valeur à leur production et de la commercialiser plus avantageusement.

« Auparavant, la plupart des petits paysans vendaient leur vanille encore verte, juste après l'avoir cueillie », a observé M. Thierry. « Or, les gousses de vanille vertes ne restant pas fraîches longtemps, elles devaient être vendues immédiatement à bas prix, les acheteurs passant juste après la récolte pour se les procurer ». Les coopératives ont également permis aux cultivateurs d'apprendre à préparer la vanille, ce qui leur a valu de multiplier leurs revenus par 10 et leur a donné « la liberté de choisir quand vendre ». [...]

© IRIN 2007

1. Expliquez avec vos propres mots ce que signifie le titre de cet article.   *1 point*

....

....

2. Quelle est la nature du problème que les producteurs de vanille doivent affronter ?
(*deux réponses*)   *2 points*

a. ❏ Le prix de la vanille est fixe et ne suit pas le cours de l'inflation.

b. ❏ La vanille est une monoculture et donc la baisse actuelle des cours est dramatique pour les producteurs.

c. ❏ Il n'y a plus assez de main-d'œuvre et donc les membres de la famille ne suffisent plus.

d. ❏ La vente de la vanille est saisonnière et, donc, pendant une partie de l'année, les familles n'ont pas de revenus.

e. ❏ Les ressources des paysans ne permettent pas d'épargner.

3. Dans le 4e paragraphe sont présentés les trois types de coopératives.
Quel est leur rôle respectif ?   *3 points*

1er type de coopérative : ....

2e type de coopérative : ....

3e type de coopérative : ....

4. Avant la création des coopératives :   *1 point*

a. ❏ les paysans dépensaient leur argent pour acheter de quoi vivre.

b. ❏ les paysans épargnaient de l'argent qu'ils pouvaient ensuite investir.

c. ❏ les paysans utilisaient leur argent pour s'acheter des machines-outils.

d. ❏ les paysans dépensaient leur argent pour acheter les graines d'orchidée.

5. À Madagascar, la culture de la vanille est automatisée.   *2 points*

a. ❏ Vrai.

b. ❏ Faux.

Justifiez votre réponse en citant le texte.

....

6. Quel est le but du texte ?   *2 points*

a. ❏ Dénoncer les conditions de vie des paysans.

b. ❏ Critiquer les abus des Nations Unies.

c. ❏ Informer sur les aspects positifs du système coopératif.

d. ❏ Prendre parti personnellement en faveur des coopératives.

ÉPREUVE DE PRODUCTION ÉCRITE

25 points

Proposition argumentée

Vous avez l'intention de partir en vacances au mois d'août avec un groupe d'amis et chacun a fait des propositions sur votre blog : un voyage culturel citadin à Venise ou Rome, un voyage soleil et mer en Grèce, un voyage solidaire au Sénégal à la rencontre de ceux qui œuvrent pour le développement de leur pays, un voyage itinérant aux États-Unis, ou encore un séjour thalasso et voile en Bretagne. Vous intervenez – avec beaucoup d'arguments – pour donner votre avis sur les propositions, en privilégier une ou... proposer autre chose.
(250 mots environ)

....
....
....
....
....
....
....
....
....
....
....
....
....
....
....
....
....
....
....
....
....
....
....
....
....

ÉPREUVE DE PRODUCTION ORALE   *25 points*

30 min de préparation
20 min de passation

Consignes
Présenter et défendre un point de vue construit et argumenté à partir d'un court texte déclencheur.
Débat avec l'examinateur.

Vous dégagerez le problème soulevé par le document ci-dessous.
Vous présenterez votre opinion sur le sujet de manière argumentée et vous la défendrez si nécessaire.

Au choix sujet n° 1 ou sujet n° 2.

Sujet n° 1

> ### SE SOUVENIR, EST-CE DÉMODÉ ?
>
> Ainsi donc, nous avons capitulé devant l'invasion culturelle américaine : disparue la Fête des Morts, diluée dans une soupe aux potirons dont on nous dit qu'elle est d'origine irlandaise, donc quand même européenne, mais qu'importe : on a compris surtout que le battage commercial qui nous inonde à flux continus ne peut supporter une plage de repos s'étirant de la fin de la rentrée scolaire à Noël. Un vide de douze semaines sans tapage mercantile, c'était une aberration, mais si Halloween a pu si aisément remplir le trou, c'est aussi parce que nous craignons le calme qui nous invite au recueillement, donc à la réflexion. Il convient d'être joyeux, de vivre ostensiblement l'instant. Or, se souvenir, c'est investir dans le passé, donc démodé. « Que la fête commence ! », criait-on pendant la Régence française. Maintenant, c'est : « Que la fête ne s'interrompe jamais ! »
>
> Xavier Zeegers, *La libre Belgique*, 11/10/2007.

Sujet n° 2

> ### *UNE VIOLENCE SCOLAIRE DEVENUE ORDINAIRE*
>
> *L'école ferait-elle peur ? À peine connue la nouvelle du décès d'un élève [dans un collège de Seine et Marne], l'hypothèse d'un nouveau drame de la violence scolaire était présentée comme certaine. Or, le jeune [collégien] a bien été frappé mais, sa mort, a révélé l'autopsie, est due à une malformation cardiaque. Même si les chiffres de la violence scolaire ne bougent guère, l'école a désormais mauvaise réputation. « L'école a perdu son image de sanctuaire, c'est le grand changement, affirme Elizabeth Johnston, la responsable sur le net du forum européen pour la sécurité urbaine. La violence du dehors, celle de la rue et des quartiers, est entrée dans les établissements. Du coup, l'école devient un lieu comme un autre et l'on y autorise la présence des policiers », allusion à la possibilité désormais pour les chefs d'établissement de les faire venir en cas d'infraction.*
>
> Sandrine Cabut, Véronique Soule, *Libération*, 23/12/2006.

COMPRÉHENSION DE L'ORAL   p. 12

Comprendre l'essentiel d'un document court

1 La ville de Toul est en train de négocier avec la SNCF pour obtenir une desserte du TGV dans la ville entre Paris et Nancy. Un arrêt du TGV-est à Toul, c'est possible, mais la SNCF demande aux collectivités locales de payer la note ; elle est estimée entre un million et un million et demi d'euros, une somme que les collectivités territoriales pourront difficilement supporter selon le maire de Toul. Nicole Feidt met en avant la nécessité de service public et constate qu'il y a injustice car d'autres dessertes dans la région sont gratuites pour les collectivités. De son côté, la CGT cheminot conteste le surcoût annoncé par la direction de l'entreprise ferroviaire. La décision de la SNCF devrait être prise en septembre.

Il y aurait 650 postes à pourvoir dans les petites entreprises et moyennes entreprises des Vosges selon une étude de la CGPME du département. Une partie des emplois ne sont pas pourvus à cause de la pénurie de main d'œuvre ou des difficultés d'embauche. Pour faciliter les démarches et accompagner les patrons, la CGPME des Vosges annoncera demain la mise en place d'un dispositif de soutien et de gestion des compétences.

L'open de tennis de Contrexéville commence demain après les qualifications qui se sont déroulées ce week-end. Ce tournoi féminin sur terre battue se tient dans le cadre agréable du parc thermal de Contrexéville. La compétition est dotée de 50 000 euros. Parmi les favorites, on peut citer la Française, Pauline Parmentier, 127e au classement mondial.

La femme de la semaine dans la région est une musicienne de passage à Nancy dans le cadre du festival Nancyphonie. La harpiste Sophie Bonduelle interprètera demain soir le spectacle très personnel qu'elle a créé il y a quelques années, avec son compagnon, le mime Étienne Bonduelle. La mise en scène casse les codes traditionnels de la harpe et apporte un éclairage plein d'humour et d'énergie sur les coulisses du milieu de la musique classique. Surprise garantie. Rendez-vous demain soir à 21 heures à l'auditorium du conservatoire de Nancy. Nancy, Laurent Vatrin. France bleue Sud Lorraine pour France Info.

2 MARIE – Alors Andrée, qu'est-ce que tu as fait après ta période de chômage ?

ANDRÉE – En fait, c'est pendant ma période de chômage que j'ai découvert ce que je voulais faire. Comme j'avais beaucoup de temps libre, je rendais visite à des copines, des amies qui avaient des ordinateurs, qui avaient des petites associations et qui connaissaient des problèmes, soit pour installer des logiciels, soit parce qu'il y avait des virus et qu'elles ne savaient pas comment les enlever. Et comme moi je m'y connais bien en informatique, très souvent, je leur rendais service en intervenant sur l'ordinateur et, souvent aussi, elles me disaient qu'elles ne trouvaient pas ce genre de service dans le secteur marchand. Je me suis dit « Ben, c'est une bonne idée pour moi, je vais monter ma petite entreprise ». Donc je me suis renseignée et, en fait, pour monter une SARL, c'est relativement facile. On trouve les statuts sur Internet. On n'a pas besoin d'un capital extraordinaire puisque maintenant avec un euro on peut monter une SARL. Donc, il y a six mois, j'ai décidé de me lancer et c'est en cherchant du travail d'une manière tout à fait classique que j'ai trouvé mon premier client. Lors de l'entretien d'embauche, j'ai parlé de mon projet en disant « je veux me garder du temps libre parce que c'est un projet qui me tient à cœur ». Il y avait deux choses qui me tenaient à cœur. Donc continuer ma formation en cours du soir pour devenir psycho thérapeute, et monter cette petite société et la faire vivre. Et 48 heures après, la personne qui m'a embauchée m'a dit : « Eh bien [quand tu as fini], quand vous avez fini votre mission, moi j'ai du travail pour vous, ça m'intéresse votre prestation de service. Je vous ferai travailler ». J'ai terminé ma mission donc de comptable, de comptable pur, et dans la semaine qui a suivi, j'ai signé un contrat de prestation de service avec lui. J'interviens pour le paramétrage des nouveaux logiciels comptables, j'interviens pour les sauvegardes, j'interviens pour les petits pépins et les petits soucis des réseaux. C'est une toute petite entreprise. Il y a trois personnes dans le service. Mais c'est le genre de prestation qu'il trouvait pas dans le commerce et voilà. Il en a parlé autour de lui et j'ai actuellement une personne que je dois rencontrer, eh bien demain très exactement et puis deux autres qui sont en attente. Je ne sais pas si ça va se faire mais il va peut-être falloir que je refuse des clients ou alors que je me décide à m'agrandir et devenir non pas chef d'une petite entreprise, mais chef d'une grosse entreprise avec au moins un salarié. Je ne sais pas si j'en suis capable ou même si j'en ai envie, mais ça marche bien et ça m'a permis de sortir d'une période de chômage qui commençait à durer un peu longtemps.

Suivre un document long

3 *Entre crochets les expressions entendues mais qui restent en suspens, car la phrase se poursuit autrement.*

FAROUK MARDAM BEY – Et la grande réalisation qui a peut-être lancé cette tradition en France, c'est sans doute la traduction des *Mille et Une Nuits* au début du XVIIIe siècle, en 1704, je crois, par Antoine Galland. C'est très important, pourquoi ? Parce que cette traduction d'un ouvrage littéraire, agréable à lire, plaisante, c'est-à-dire que ce n'est pas un ouvrage savant, c'est [un livre], un ouvrage de contes, c'est un peu le *Décaméron* si vous voulez – pour être proche de l'Italie. Bon, c'est des contes, des contes de toutes sortes, des contes édifiants, des contes érotiques parfois, des choses sociales, et ce livre a eu une influence absolument considérable sur toute la culture européenne – sa traduction en français – parce qu'à partir de là, toute une mode orientaliste s'est développée dans les arts et les lettres, dans les pays occidentaux. Vous voyez un peu par exemple, les Lumières en France, dans la période des Lumières, combien d'auteurs français – y compris Voltaire, y compris Diderot – se sont inspirés d'une certaine manière des *Mille et Une Nuits* pour raconter des histoires dans l'esprit des Lumières, c'est-à-dire pour défendre les idées de liberté et d'égalité qu'ils étaient en train de défendre et cela, à partir de cette fascination de l'Orient à un moment donné grâce aux *Mille et Une Nuits*. Mais ce n'est pas seulement dans le domaine de la littérature parce que, on voit la même chose dans la peinture, bien sûr la peinture orientaliste, peu à peu, et même dans le domaine de la musique où finalement, tel opéra de Mozart – c'est le plus célèbre bien entendu – mais aussi des auteurs mineurs aussi qui ont pris ce filon et qui ont travaillé sur des contes des *Mille et Une Nuits*, etc. Maintenant quel est le problème ? Le problème, c'est que cela s'est passé, cette tradition orientaliste aux XVIIIe, XIXe siècles et toute la tradition orientaliste s'est intéressée essentiellement à la littérature classique. Bien entendu la littérature classique arabe mérite qu'on s'y intéresse ; d'abord c'est une littérature très riche, très ancienne [puisque], et très ancienne et qui a une permanence, une continuité, c'est-à-dire [elle a commencé] les textes les plus anciens dont on dispose datent du VIe siècle chrétien, c'est-à-dire d'un siècle avant la naissance de l'Islam, et cette tradition s'est prolongée jusqu'à nos jours, dans la même langue, bien entendu avec les évolutions normales de toute langue vivante, mais essentiellement dans la même langue, la même syntaxe, le même vocabulaire, etc. Et dans cette tradition bien entendu, il y a eu des moments de gloire et des moments de stagnation et des moments carrément de décadence, bon, comme aussi tout être vivant, quoi. Cette littérature a intéressé beaucoup les orientalistes et ils ont fait des travaux de traductions. Seulement ces traductions, contrairement à la traduction des *Mille et Une Nuits*, étaient des traductions qui étaient, si vous voulez, inspirées par un besoin plus scientifique que littéraire, plus scientifique-artistique. Ce n'était pas le plaisir du texte qu'ils recherchaient, mais c'est des traductions où ils s'intéressaient plus à la philologie par exemple. Donc vous avez des traductions avec des notes en bas de pages, des choses comme ça, ce qui éloigne bien entendu cette littérature du public cultivé. Bon. Et au moment où cette tradition se développait au XIXe siècle naissait une autre, une nouvelle littérature arabe, parce que ce que nous, nous appelons la littérature arabe moderne est né au milieu du XIXe siècle sous l'effet sans doute de la crise de l'empire ottoman, de la pénétration du capitalisme dans cette région du monde, des réformes entreprises par des sultans ottomans, de la renaissance culturelle arabe qui a commencé à se poser des questions sur le décalage qui ne cessait de s'élargir, sur le fossé qui ne cessait de s'élargir entre l'Occident avancé, technicien, etc. et l'Orient stagnant, et à se poser la question « pourquoi c'est ainsi ? ». Donc c'est là qu'est née une nouvelle littérature et cette nouvelle littérature n'a pas du tout intéressé les orientalistes. Bon. Alors pour ce qui est de la France, la première traduction d'un travail fait par un auteur arabe contemporain,

contemporain à l'époque, c'est-à-dire de la fin du XIXe, début du XXe, est une traduction d'un roman historique d'un auteur qui s'appelle Georges Zidane, qui a été traduit en 1912. Bon. C'est un roman très populaire, un peu dans le style... à l'époque, toute l'ambiance littéraire était une ambiance romantique, et bon, ça s'explique un peu par l'évolution sociale à l'époque, c'est-à-dire, l'affirmation de l'individu, l'individu devant la nature, l'individu devant la société, l'individu devant des autres, etc. Donc il y avait aussi un sens... une importance sociale à cet événement et Zidane, entre autres, a commencé à écrire des romans à caractère historique inspirés de l'histoire islamique et qui avaient eu beaucoup de succès à l'époque et il y a quelqu'un qui l'a traduit maintenant en français. Bon, je peux pas vous dire si ça a eu du succès ou non. Ça remonte très loin et on n'a aucune information sur tout cela.

④ JEAN-PIERRE COFFE – *Ça se bouffe pas, ça se mange*. Bonjour ! Bonjour à toutes, bonjour à tous. Ils sont au cœur de notre quotidien. Les petits commerçants ou artisans sont aujourd'hui dans nos villes et nos villages les défenseurs du bien manger. Qualité, conseils, le petit commerce de proximité reste un gage de confiance pour celui qui est attaché aux bons produits. Et vous êtes de plus en plus nombreux à le penser. Pour preuve, la difficulté que nous avons eue à faire venir ce matin des petits commerçants autour de cette table. Beaucoup en effet nous ont expliqué qu'ils ne pouvaient pas abandonner leur clientèle un samedi matin. Voilà quand même une jolie preuve de professionnalisme : préférer ses clients à la radio. Et pourtant il faut être clair, le petit commerce de proximité ne se porte pas très bien. En part de marché, il représente à peine 17 % du commerce alimentaire du pays contre 53 % pour les hypermarchés. Les boucheries, charcuteries, poissonneries – surtout poissonnerie j'ai envie de dire – disparaissent de nos centres-villes et il devient dans certains endroits difficile, oui difficile, de faire ses courses ailleurs qu'au supermarché. Pourquoi ? Pourquoi et comment en est-on arrivé là ? À quoi ressemblent nos centres-villes... à quoi ressembleront nos centres-villes demain ? Comment sauver le commerce de proximité ? Eh bien pour répondre à ces questions, nous avons réuni Robert Rochefort, qui est le directeur du CREDOC et l'auteur d'un rapport passionnant qui a été remis à la ministre de la Ville, Christine Boutin, il y a quelques semaines. Ce rapport est intitulé : « un commerce pour la ville », et ce rapport va être publié sous quelques jours aux éditions de l'Aube. M. Rochefort est également l'auteur du *Bon consommateur et du mauvais citoyen*. C'est un livre que je vous engage vivement à lire. Il est paru aux éditions Odile Jacob. Et en plus alors, vous êtes président de...
ROBERT ROCHEFORT – Commission des comptes du commerce.
JEAN-PIERRE COFFE – Alors c'est quoi ça ?
ROBERT ROCHEFORT – Ça fait sérieux ça.
JEAN-PIERRE COFFE – Ça c'est un beau titre.
ROBERT ROCHEFORT – Eh bien c'est une fois par an, deux fois par an pour être précis, l'endroit où toutes les fédérations de commerçants, qu'ils

soient de petite taille ou de grand commerce ou de commerce par Internet se réunissent pour regarder les chiffres du commerce, pour les valider, pour débattre des sujets qui sont en jeu dans ce développement du commerce aujourd'hui.

JEAN-PIERRE COFFE – Et alors vous y êtes allé quand pour la dernière fois ?

ROBERT ROCHEFORT – Ah ben écoutez, c'était il y a deux mois.

JEAN-PIERRE COFFE – Et qu'est-ce que ça disait ?

ROBERT ROCHEFORT – Eh bien, nous…, nous regardions les chiffres du commerce et donc on parlait des chiffres du commerce de 2006, puisque c'est la dernière année que nous avons, parce que nous sommes un peu en retard. Et nous constations, comme vous venez de l'indiquer d'ailleurs, qu'il y avait un petit regain du commerce de centre-ville, que les chiffres sont un petit peu moins noirs qu'ils ne l'étaient il y a quelques années. Mais il faut rester très prudent, ce n'est pas valable pour toutes les filières commerciales, c'est vrai dans certaines d'entre elles, pas pour d'autres.

JEAN-PIERRE COFFE – C'est vrai. Alors outre M. Rochefort, nous avons Jean Gérard Didierre. Vous êtes au téléphone M. Didierre parce que vous êtes…, vos fonctions, c'est manager de centre-ville. Vous avez notamment remis sur pied le commerce du centre-ville de Limoges et, par ailleurs, alors vous avez été hier soir élu maire d'une commune rurale de 800 habitants, la Croisille sur Brillance, c'est dans la Haute-Vienne. Et alors pourquoi vous n'êtes pas parmi nous ? Vous n'avez pas le train ? Qu'est-ce qui se passe ?

M. DIDIERRE – Si si si n'ayez crainte. Bonjour d'abord. Bonjour Jean-Pierre Coffe.

JEAN-PIERRE COFFE – Bonjour

M. DIDIERRE – Bonjour Robert Rochefort.

ROBERT ROCHEFORT – Bonjour.

M. DIDIERRE – Si, si tout à fait. C'est une commune effectivement de la spécialité de la vache limousine et d'une foire très connue, une foire artisanale de commerce non sédentaire, qui tous les 18 du mois draine beaucoup de monde de très, très loin, des trois départements autour de chez nous, la Corrèze, la Dordogne et la Haute-Vienne, où sur ce 18, on a la population qui quintuple pendant une journée. Le problème était qu'il y avait de la neige qui était annoncée et le préfet a souhaité que les maires restent auprès de leurs administrés.

JEAN-PIERRE COFFE – Ah oui, alors donc il neige ou pas ?

M. DIDIERRE – Il a pas neigé, il a grêlé ce matin mais on annonce à nouveau des chutes de neige pour cet après-midi sinon j'aurais bien évidemment souhaité être avec vous plutôt qu'au téléphone, mais je pense qu'on va y arriver parfaitement.

JEAN-PIERRE COFFE – Oui oui, en tous cas, vous intervenez quand vous voulez. Et de toute façon, on ne va pas vous laisser en plan, n'ayez peur. On va vous interroger. Nous avons également autour de la table Xavier Bourgon, le fromager affineur de Toulouse, enfin il y en a d'autres, mais vous êtes le plus connu, le plus célèbre dans toute la France. Vous avez ouvert votre boutique en 76. Vous êtes à côté du marché couvert du centre-ville. Donc

vous êtes vraiment dans le centre-ville et vous connaissez bien le commerce de proximité. Et puis nous avons également Thomas Chaval, Thomas Chaval est le président de « Terre et commerce ». C'est une association qui regroupe 3 000 commerçants en Bouches du Rhône, enfin dans le département des Bouches du Rhône. Vous êtes également président, délégué de la Fédération nationale des associations de commerçants. C'est bien ça ?

THOMAS CHAVAL – Exactement.

JEAN-PIERRE COFFE – Vous êtes encore autre chose, vous êtes vice président de quelque chose ?

THOMAS CHAVAL – Oui, mais non, ça n'a pas d'importance si ce n'est que le point commun, c'est qu'on essaie de réunir tous les commerçants pour pouvoir parler d'une seule voix et pour être une forte proposition vis-à-vis de nos élus. On sert à ça.

JEAN-PIERRE COFFE – Eh bien c'est déjà pas mal, écoutez, surtout si on vous écoute. C'est ça qui compte. Si vous parlez dans le vide, ça ne sert à rien, mais si on vous écoute, c'est épatant.

PRODUCTION ORALE   p. 40

S'exprimer oralement en continu

2 **3.** Ce document est extrait d'un article paru dans le journal *Le Figaro* du 3 mars 2008. Le journaliste, Frédéric Brillet, informe le lecteur sur le fait que des entreprises offrent à leur personnel des séminaires de culture générale.

7. Je crois que la question qu'on se pose immédiatement est de savoir si l'introduction de la culture générale dans les entreprises est superflue ou fondamentale.

Ma première réponse est qu'elle est nécessaire, comme le montrent les exemples de l'article. Car, la culture, ce n'est pas une collection de savoirs encyclopédiques gratuits, mais des réflexions qui portent sur les domaines mêmes des entreprises : le tourisme, le bâtiment, le commerce. Ces réflexions permettent de mieux comprendre ce que l'on fait, d'être conscient de l'impact que l'on a sur le monde, mais aussi peut-être de mieux se développer et de faire plus de profit.

Je vous donne un exemple. Si un opérateur touristique n'a pas de vision un peu plus ample des attentes du public – ce que peut lui expliquer un sociologue – il risque de ne pas savoir diversifier ses offres, et donc d'y perdre même économiquement.

Allons plus loin. Si tous les opérateurs touristiques étaient conscients du danger que courent certaines villes d'art – en Italie par exemple – absolument suffoquées par des millions de touristes, peut-être y aurait-il une évolution dans les pratiques.

Ainsi, pour conclure ce premier point, je pense vraiment que la diffusion de la culture générale dans les entreprises devrait permettre des activités plus réfléchies et donc moins d'erreurs.

Le deuxième point que je voudrais aborder, ce sont les motifs soulignés dans l'article par M. Sachetti, qui insiste sur l'aspect « motivation » et « communication interne ». Pourquoi des salariés à qui l'on propose de suivre des conférences peuvent-ils être motivés ? Tout simplement, peut-être, parce que c'est une façon de les valoriser. La culture, pour les gens, est par nature inaccessible et réservée aux spécialistes. Que la culture vienne à eux peut être valorisant, et une bonne estime de soi a des répercutions positives pour l'entreprise. Deuxièmement, pourquoi la culture pourrait-elle améliorer la communication interne ? Eh bien, pour répondre à cette question sur l'amélioration des relations à l'intérieur de la société, je dirais que si des psychologues viennent expliquer comment fonctionnent les dynamiques de groupe, comment il convient de gérer le stress, comment parler à un subordonné, certainement, cela créera un meilleur climat, qui favorise la productivité.

Donc dans tous les cas de figure, la culture générale, entendue non pas comme savoir encyclopédique, mais comme capacité à « s'ouvrir l'esprit » pour mieux travailler et mieux se sentir dans l'entreprise est indispensable. Mais alors, une autre question se pose : est-ce qu'on ne devrait pas accentuer le poids de cette culture générale au niveau de la formation initiale, ou bien faut-il généraliser la formation continue ? Voilà un sujet à débattre.

Prendre part à une conversation

3 **1.** Ce document est tiré d'un site internet, *20 minutes*, et l'article a été écrit par Christophe Séfrin, le 11 février 2008. Il traite un sujet économique concernant la consommation des Français en matière d'équipement électronique et il explique que, malgré la baisse du pouvoir d'achat, ce secteur n'est pas en crise.

Bien que les Français n'aient pas beaucoup d'argent à dépenser, des études montrent qu'ils achètent de nombreux produits électroniques : les écrans télé sont toujours en tête, suivis par l'électronique mobile, et les produits dérivés. En outre les évolutions sont très rapides, et incitent les gens à suivre la mode.

2. C'est ce dernier point de l'article, à savoir que les achats d'équipements électroniques suivent la mode comme des vêtements que je voudrais discuter.

D'un côté, il est vrai que cet effet de mode résulte du fait que les prix de l'électronique baissent globalement. Si autrefois un ordinateur coutait très cher, aujourd'hui, des ordinateurs beaucoup plus performants par exemple coûtent proportionnellement beaucoup moins cher. C'est pourquoi cela incite à avoir quelque chose de mieux, de plus récent pour un prix qu'on estime correct. La même chose se passe sur d'autres produits électroniques. Je vous donne un autre exemple : je pense aux clés USB, qui peuvent stocker de plus en plus de données pour des prix plus attractifs. Par conséquent, cela incite à acheter et à suivre la mode. Mais, d'un autre côté, le problème, c'est que l'offre est toujours plus grande et crée des besoins peut-être inutiles. Je pense à l'électronique dite embarquée. Avons-nous vraiment besoin qu'une voix suave nous dise de tourner à gauche ou à droite dans la vie de tous les jours ? Si on est en vacances, on peut regarder une carte. Seuls peut-être les gens dont le travail dépend des déplacements en voiture en ressentent vraiment le besoin. Quant à la mode qui ne concerne que le « look », un ordinateur vert pomme, ou un MP3, qui fera un centimètre de moins que le précédent, j'estime que c'est exagéré. En conclusion, je dirais que comme pour la mode textile, il faut être un consommateur de plus en plus vigilant pour ne pas se laisser abuser.

3. EXAMINATEUR – Votre présentation était intéressante. Mais vous-même, vous vous sentez concernée par ce que dit le journaliste sur les achats de produits électroniques ? Est-ce que vous êtes sensible aux nouveautés ?

CANDIDATE – Eh bien, comment vous répondre ? En fait, c'est oui et non. Je corresponds au modèle pour mon I-pod. C'est vrai que j'ai acheté un casque, des petites enceintes pour l'écouter chez moi, des écouteurs doubles pour écouter avec une copine. Oui, sur ce plan-là, j'ai pas mal dépensé. Mais pour le reste, non. Je ne peux pas dire que je sois influencée par la mode.

E. – Qu'est-ce vous entendez exactement par « mode » ?

C. – Eh bien, la mode en électronique c'est…. Par exemple, s'il y a un nouveau téléphone portable qui va sortir, j'ai des copains qui le veulent tout de suite. Moi, ça (ne) me touche pas du tout. Je suis assez imperméable.

E. – Mais pourquoi à votre avis, vos copains se laissent influencer ?

C. – Je sais pas… le plaisir d'avoir quelque chose de neuf… d'être parmi les premiers à l'avoir, d'avoir des gadgets en plus…

E. – Et pas vous ? Vous ne vous sentez pas un peu en marge ?

C. – Absolument pas ! Je trouve qu'on a besoin de deux trois choses seulement dans un téléphone, et surtout d'écrire des messages. Par exemple, avoir Internet sur mon portable, pour moi, c'est pas fondamental. Et en plus, à la fin, ça coûte cher !

E. – Comment expliquez-vous que les jeunes aient l'argent de s'acheter tout ce matériel ?

C. – Y'a des parents qui paient sans regarder. Moi maintenant, je vis plus chez mes parents, je travaille le soir pour me payer mes études, et donc, bon, le problème ne se pose pas.

E. – Mais si vous aviez des économies, par exemple ça vous plairait d'avoir un superbe écran plasma ?

C. – Un superbe écran plasma ? Ben… si on me le donne, je ne vais pas dire non. Mais bon, c'est pas fondamental. J'ai une petite télé dans ma chambre de bonne, et ça me suffit.

E. – Alors il n'y a vraiment rien qui vous tente ?

C. – Si ! un clavier électronique. Ici, je peux pas avoir mon piano, il est resté chez mes parents, et ça me manque.

E. – Un clavier ? Mais quand on est pianiste, on n'a pas envie de jouer sur un synthétiseur… !

C. – Pardon ? J'ai pas bien compris…

E. – Un synthétiseur, enfin un clavier électronique. Le son est tellement différent d'un piano.

C. – Tout à fait. C'est pas pareil. Mais pour moi, c'est ça ou rien. Et en plus, je ne joue pas que du classique. J'adore le rock. Et puis on peut jouer avec un casque, et les voisins n'entendent rien. C'est petit ici.

E. – Ce sera pour quand ce clavier ?

C. – Pour Noël j'espère !

E. – Bon très bien, eh bien je vous remercie.

COMPRÉHENSION DE L'ORAL   p. 52

Des informations

1 France Info Lyon (15/07/2007)

Lyon, capitale européenne de la culture dans les banlieues. Dans tous les cas, le Réseau Banlieue d'Europe quitte Strasbourg et s'installe entre Saône et Rhône. Ce réseau regroupe plus de 300 membres à travers l'Europe et s'adresse aux professionnels de la culture qui se tournent plus particulièrement vers les quartiers défavorisés. La coordination de cette association vient de choisir Lyon et son agglomération pour son foisonnement culturel, illustré notamment à travers le défilé de la biennale de la danse, défilé qui se prépare tous les deux ans dans les cités. Une référence, selon Banlieue d'Europe, de l'action culturelle à mener dans les quartiers en difficulté.

Et puis, Lyon capitale de la petite reine. Bien sûr, ce dimanche et en plein tour de France, les feux de la rampe sont portés sur les Vélib' inaugurés à Paris, mais le vélo en libre-service et à grande échelle tel qu'il s'installe à Paris est, rappelons-le, né à Lyon il y a deux ans, avec Vélo'v. Un succès phénoménal selon l'opérateur JCDecaux. Ils sont désormais plus de 60 000 abonnés à Lyon et Villeurbanne où le trafic cycliste a augmenté de 75 % en deux ans. Il y a aujourd'hui 3 000 vélos disponibles dans 250 stations. Il y en aura 4 000 en octobre. Chaque vélo est utilisé en moyenne 10 fois par jour et Lyon et ses Vélo'v sont devenus la vitrine du système qui se développe ailleurs. Des délégations de Marseille, Genève, Bruxelles, Séville, Barcelone, Washington sont venues voir comment tout cela fonctionnait. Paris aussi bien sûr qui lance donc ses Vélib' aujourd'hui.

Enfin l'événement de la semaine à Lyon, et si la météo le permet, c'est la *Musique fait son théâtre*. Sept soirées à partir de vendredi d'un festival de musique ancienne mis en scène au Parc de la tête d'Or en plein centre-ville mais aussi en pleine nature. Assis ou couchés, à la tombée de la nuit, les spectateurs pourront rêver en écoutant et regardant Hamlet, Didon et Énée ou des chansons de troubadours. Lyon, Claude Cordier, France Info.

Des reportages

2 Euronews, Magazine Sciences, *Les biocarburants* (03/06/2008)

Produire du gaz ou plutôt du « biogaz » à partir des déchets organiques, c'est le principe de la méthanisation. Certaines villes sont en première ligne pour développer de nouvelles applications : c'est le cas de Vésteurasse en Suède où se trouve une unité de production de biogaz. Alors que cette source d'énergie est surtout utilisée en Europe pour la production de chaleur et d'électricité, ici on s'en sert comme carburant dans le transport collectif, une alternative intéressante par rapport aux autres sources d'énergie plus polluantes. Pour fournir du biogaz, cette usine construite en 2005 avec le soutien de l'Union européenne en produit en quantité, l'équivalent de 15 000 mégawatts par an. Mais revenons un peu en arrière pour comprendre comment le système fonctionne. Comme elle le fait chaque jour, Elinor trie ses déchets organiques : « Je mets les pelures de pomme de terre dans un sac spécial. C'est génial de pouvoir utiliser ses déchets pour faire du carburant pour nos bus. » Tous les jours des tonnes de déchets sont collectées chez les particuliers ou dans les restaurants. Ces résidus sont ensuite acheminés vers l'usine de production de biogaz. Leur transport se fait grâce à des camions qui roulent eux-mêmes au biogaz.

3 France Inter, *Interception* (17/02/08)

Bonjour à tous. Le gouvernement doit annoncer un plan d'aide à l'intégration des malvoyants et des aveugles au début du mois de mars. Ce plan s'appuiera sur le rapport rendu par Gilbert Montagné. Le chanteur non-voyant de naissance a été chargé d'une mission par Xavier Bertrand, le ministre du Travail, des relations sociales et de la solidarité, en septembre dernier. Il a dégagé trois propositions phares : créer une assistance téléphonique pour les parents d'enfants déficients visuels ; développer l'audio-description sur toutes les chaînes de télévision, c'est-à-dire doubler les films en décrivant le déroulement de l'action entre les dialogues ; et enfin généraliser la vocalisation des appareils de la vie quotidienne comme par exemple les machines à laver, car, même en 2008, rares sont les appareils adaptés. Il faut reconnaître tout de même que l'évolution des nouvelles technologies de ces vingt dernières années permettent aujourd'hui aux déficients visuels de vivre quasiment comme des voyants. C'est le cas de Linda, 34 ans, et de Brahim, 21 ans. Ils font partie de cette jeune génération qui ne vit pas recluse à cause de son handicap, bien au contraire. Voici Interception. Vivre sans voir. *Un reportage de Laetitia Bernard.*

Interception *le magazine de la rédaction.*

LAETITIA BERNARD – Eh bien il faut être motivé !

LINDA – Bonjour.

LAETITIA BERNARD – Laetitia Bernard.

LINDA – Enchantée.

VOIX – Bonjour !

LINDA – Excusez le bazar, parce que là, comme je suis en plein déménagement…

Linda est malvoyante suite à une dégénérescence rétinienne. Elle distingue le jour, la nuit, la lumière et un peu les couleurs. Elle a 34 ans, bac + 5. Elle a fait des études de droit privé. Aujourd'hui, elle travaille pour une mutuelle.

LINDA – Vous voulez un thé ou un café ?

LAETITIA BERNARD – Euh si on a le temps, je veux bien un café.

Linda nous reçoit à l'heure du petit-déjeuner dans son 20 m² parisien, au 5e étage sans ascenseur.

LAETITIA BERNARD – Là, on va vous mettre en retard au travail non ?

LINDA – Euh… Non. Il est quelle heure, là ?

LAETITIA BERNARD – Comment vous regardez l'heure ?

LINDA – Je vais regarder sur mon bloc-notes.

LAETITIA BERNARD – Ah carrément sur votre ordinateur […]. Et pour vous habiller, pour choisir comment vous habiller, vous voyez, vous avez des restes de vision pour les couleurs ou pas ?

LINDA – Oui, j'ai des restes de vision pour les couleurs mais euh, c'est pas tellement comme ça que je procède. C'est plutôt un travail en amont, si je puis dire. Quand j'achète mes vêtements, je m'arrange pour acheter des tenues qui soient coordonnées.

LAETITIA BERNARD – Vous prévoyez les choses à l'avance, enfin.

LINDA – Je prévois les choses à l'avance. Bon après, bien sûr, je peux me laisser quand même aller à [quelques] un petit peu de fantaisie, hein. Je peux me dire... bon voilà c'est pas parce que j'ai acheté le T-shirt rose séparément du jean bleu que je vais pas les porter ensemble.

LAETITIA BERNARD – C'est important ça de pouvoir quand même s'habiller de façon à peu près...

LINDA – Correcte ?

LAETITIA BERNARD – Ouais.

LINDA – Élégante ?

LAETITIA BERNARD – Accordée quoi !

LINDA – Oui pour moi c'est important. On vit dans un monde de voyants. C'est une politesse que d'être correctement habillée, présentée. [Ça fait partie...]

LAETITIA BERNARD – Vous vous maquillez ?

LINDA – Très peu. Très peu. J'aimerais bien me maquiller davantage. Mais non, je me maquille pas, sauf à des occasions particulières. Mais euh non. De temps en temps, je mets un petit peu de rouge à lèvres, mais non, sinon, je me maquille pas.

LAETITIA BERNARD – [Parce que les couleurs sont]... c'est une question de couleurs ou c'est aussi une question de tracé ? C'est pas évident à faire ?

LINDA – C'est plus une question de tracé qu'une question de couleurs à vrai dire, parce que les couleurs, je pourrais les choisir avec une esthéticienne. C'est plus le tracé, savoir si c'est bien appliqué ou pas, si le crayon, si le mascara coule pas, si les traits sont équilibrés sur l'œil droit, l'œil gauche.

LAETITIA BERNARD – Vous étiquetez vos boîtes, vos paquets, vos boîtes de conserves, votre café ?

LINDA – Non, non, non. Moi je suis vraiment l'anti-exemple, j'étiquette rien.

LAETITIA BERNARD – C'est un système... On apprend, dans les écoles pour enfants, on apprend aux jeunes à marquer en braille en fait leurs boîtes, haricots verts, etc. Vous, vous le faites pas ?

LINDA – Non je le fais pas. Je suis plus produits frais que conserves, ou surgelés, j'aime mieux. Les surgelés, en touchant, on reconnaît quand même... on fait la distinction entre une quiche et une poêlée, mais après, c'est sûr, on peut confondre les poêlées, c'est sûr. C'est sûr. Non après, tout ce qui est lavage, repassage, je me débrouille toute seule.

LAETITIA BERNARD – Vous arrivez à repasser ?

LINDA – Ah moi j'adore – enfin j'adore, non je vais pas dire que j'adore repasser, mais ouais ouais, je repasse, j'aime bien repasser. Parce qu'en même temps, y'a beaucoup de femmes qui n'aiment pas repasser ; moi en même temps que je repasse, j'écoute la radio, j'écoute la radio, j'écoute de la musique ou je bouquine. Je lis beaucoup de livres audio. Donc, je fais deux choses en même temps.

LAETITIA BERNARD – Et vous ne vous êtes jamais brûlée ?

LINDA – Ah si, si, bien sûr, si, si, j'ai des petits coups de fer. Ça c'est pas bien grave. Je passe la main sous l'eau et un petit coup de Biafine et on n'en parle plus.

– France Inter, il est huit heures et demie...

Une interview témoignage

④ – Bonjour Vivien. Alors tu es étudiant de sciences politiques et tu viens de passer une année à l'étranger. Est-ce que tu peux faire un peu le bilan de cette année ?

– Oh oui bien sûr. Bonjour Marie-Christine. Alors cette année a été très enrichissante pour moi. C'était dans le cadre de mes études, donc une année à l'étranger qui compte pour une année d'études et j'ai choisi de venir à Venise pour l'aura qu'elle avait, la beauté du site, de la ville, les... pour les monuments à voir, les musées, toute la culture en fait, la culture italienne aussi qui m'intéressait beaucoup parce qu'en fait, je fais italien en première langue étrangère. Alors cette année a été très enrichissante aussi du point de vue du travail parce que j'ai donc travaillé à l'Alliance française et à la Délégation culturelle de l'Ambassade de France où j'avais un travail de communication et de programmation des activités culturelles. Je m'occupais donc de mettre en route tous les projets culturels, toutes les manifestations culturelles. J'avais un suivi des communications, c'est-à-dire tout ce qui est communication avec la presse, les communications avec la Vénétie, les personnes de la Vénétie en fait, faire qu'elles viennent à nos rencontres, qu'elles deviennent membres de l'Alliance française, qui est une association assez active et très intéressante.

– Et tu as eu du succès ?

– Y'a eu un peu de succès. On a eu quelques articles dans la presse. Les adhésions ont augmenté. Alors ce n'est pas tout grâce à moi. Il y a aussi tout le personnel de l'Alliance, il y a aussi d'autres stagiaires qui ont beaucoup travaillé. Et c'est vrai qu'on a eu succès. Les rencontres sont bien suivies. Il y a aussi toutes les semaines une séance de cinéma qui... oui il y a un petit public pour des films intéressants et contemporains.

– Tu as eu l'occasion à l'étranger de rencontrer des jeunes de ton âge ?

– En fait oui, parce que je suis dans une collocation à Venise centre et je suis avec des jeunes qui ont entre 22 et 25 ans qui font leurs études à Venise. Aucun n'est vénitien, ils sont tous piémontais, de la région de Novara et du lac majeur et donc ça m'a permis de rencontrer leurs amis qui eux sont plus ou moins vénitiens, certains de la terre ferme, certains de la ville même et ça m'a permis de bien m'amuser oui.

– Donc, là tu rentres en France. Est-ce que tu vas conseiller aux autres étudiants la même expérience ?

– Alors oui je rentre en France et je l'ai déjà conseillée, puisque en fait le prochain stagiaire, celui qui va prendre ma place est un étudiant de la même école que moi. Donc déjà, ça fait boule de neige et oui, je vais faire la promotion de ce stage et de la ville de Venise qui est quand même très intéressante à vivre.

– Tu comptes repartir à l'étranger plus tard ?

– Eh bien peut-être pour la 5e année de mes études, dans deux ans, je pourrai peut-être faire une nouvelle année à l'étranger à l'université ou encore en stage. Ce sera à définir en fonction de ce que je souhaite faire plus tard et des masters qui me sont proposés.

– Et pour un jeune Européen, tu penses donc que c'est vraiment indispensable de faire un stage ?

– Alors moi déjà je suis très attaché à l'Europe, c'est vrai que je ne me vois pas tellement aller faire des stages sur les autres continents. Je suis un peu oui, très attaché donc à la culture européenne. Mais je pense que oui, c'est intéressant de voir les autres pays, parce que c'est quand même assez différent. L'Europe est unie. L'Europe, c'est un concept très intéressant selon moi, et très important. Et c'est vrai que partir comme ça dans les pays européens, que ce soit en Italie ou en France pour les Italiens, c'est une belle expérience et ça permet de rencontrer des gens et de se faire des connaissances peut-être même pour plus tard.

– Eh bien merci beaucoup Vivien pour ce témoignage. Au revoir.

– Au revoir. Merci.

Une conférence

5 ANNE DE VAUCHER – Merci. Eh bien alors, récemment, en 2006, un film a été fait sur Marie-Claire par une Franco-Ontarienne qui s'appelle Suzette Lagacé et qui a écrit, qui a scénarisé un film intitulé *Au-delà des apparences, portrait de Marie-Claire Blais*, et que nous avons présenté dans le congrès *Cinéma et littérature*, l'année dernière, enfin non... en décembre 2006. – J'ai fait une communication sur Anne Hébert et Marie-Claire Blais justement – C'est un très beau film qui accentue beaucoup cette tension vers la lumière. Tout le film est construit sur cette idée force de la lumière, ce qui donne évidemment une vision assez optimiste de toute l'œuvre de Marie-Claire, même celle des débuts, peut-être, d'une façon un petit peu trop optimiste, selon moi, parce que bien sûr, l'Amérique a donné beaucoup de liberté à Marie-Claire pour écrire. Elle lui a donné aussi la beauté du monde, il faut bien le dire, à travers justement ce paysage des îles Keese [qui est un personnage] qui est un paysage de paradis terrestre, mais Marie-Claire reste quand même elle-même, je trouve, c'est-à-dire que dans sa grande trilogie *Soifs* et les autres volumes, elle continue quand même à dénoncer le mal, à montrer que ce sont les hommes qui détruisent ce monde et le mettent à feu et à sang. Et elle s'inspire même d'une profonde lecture de Dante, de la *Divina Commedia*, et cette opposition est assez stridente, c'est pourquoi, moi je ne serais pas tout à fait de l'avis de Suzette qui est totalement optimiste. Mais qu'en penses-tu ?

MARIE-CHRISTINE BLAIS – Je pense que les écrivains ont des visions et que les visions sont proches, toujours proches à travers le temps de cet état du monde qui est toujours en mouvement. Et nous sommes dans un monde en mouvement et les écrivains [sont des...] – comme Kafka, comme Dostoïevski – ils sont des passagers, des gens qui voient, des visiteurs, mais qui ont des yeux, qui ont une âme avec des yeux, et les yeux voient tout, ils voient tout dans le présent, ils voient beaucoup dans l'avenir, et je pense que c'est l'état de conscience mouvant, mobile, toujours mobile de l'écrivain qui en ce sens-là n'a pas d'âge, parce qu'il peut traverser ces apparences du moment pour aller plus loin. Et bien sûr, [c'était...] le portrait de Suzette est généreux parce qu'elle veut la lumière pour nous.

A.D.V. – Oui.

M-C.B. – Pour nous tous, et aussi parce qu'elle est jeune et elle a raison de croire. Il faut croire. Mais c'est sûr que le combat de l'écrivain pour la lucidité sera toujours le même, ce sera toujours aussi ardu, et de dire la vérité, même à travers la vision du poète, notre vision du monde sera toujours durement perçue, difficilement perçue aussi, et avec la trilogie de *Soifs*, *Dans la Foudre et la Lumière* et *Augustino et le cœur de la destruction*, bien des personnes croient qu'il ne s'agit que des États-Unis ou du Canada, mais en fait il s'agit du monde,

A.D.V. – Du monde.

M-C.B. – Du monde, et le racisme qui est dénoncé là, ou le sexisme ou la cruauté envers les êtres humains fragiles, les enfants, les animaux, c'est la même qu'on retrouve dans toute l'humanité malheureusement. C'est très inconfortable d'écrire sur un paradis, qui est le nôtre, c'est-à-dire notre terre, et de savoir que nous sommes en train de détruire notre paradis et que nous n'avons aucun respect les uns pour les autres, et moins de respect encore pour ceux que nous ne connaissons pas et ignorons. Mais j'ai de l'espoir parce que, il y a toujours dans la vie des gens comme Augustino ou comme Renata, ces personnages que je tente de décrire, qui travaillent pour la justice ou qui essaient de traduire pour l'écriture, à travers leur jeunesse, les scandales, les hontes qu'ils éprouvent. Et nous parlions de fascisme ce matin et c'est toujours présent. On ne peut pas dire que ce n'est plus présent ; c'est faux. Je pense que nous sommes dans cette ère de fascisme de cruauté et que si on ne se réveille pas, on va tout détruire dans ce paradis. Mais l'espoir que j'ai dans l'écriture, c'est de faire vivre des personnages qui ont la foi dans l'avenir du monde.

Un entretien

6 **France Info, *Le sens de l'info*, questions à Michel Serres, émission présentée par Michel Polacco (15/07/07)**

MICHEL POLACCO – Michel Serres bonsoir.

MICHEL SERRES – Bonsoir Michel.

M.P. – Michel, la semaine dernière, nous parlions du scoutisme, le mouvement créé par Baden Powell il y a un siècle et qui possède 28 millions d'adeptes à ce jour et vous les décriviez ainsi les scouts : « Encore chevaliers, déjà écolos ». Cette semaine nous allons voir comment change la langue. Notre langue évolue avec le temps. Des mots nouveaux apparaissent naturellement par invention ou copie de mots étrangers ou d'argots techniques et sont employés. On les retrouve dans les dictionnaires plus tard parce que d'usage courant mais seule l'Académie française a pouvoir et droit de les adouber et de les placer dans son dictionnaire, Le dictionnaire officiel, je n'ose pas dire : la Bible. Ainsi, Michel Serres en tant que membre de l'Académie française, je sais qu'il vous est arrivé de proposer des mots nouveaux. Eh bien, vous allez nous expliquer un petit peu ce mécanisme.

M.S.: La première chose en effet c'est de dire avec vous que la langue française change très vite comme toutes les langues contemporaines. Pourquoi ? Parce que il y a une rapidité de transformation et d'évolution aujourd'hui beaucoup plus forte que par le passé. Pourquoi ? Au moins pour trois raisons. La première c'est que les métiers changent beaucoup. Si vous regardez par exemple l'encyclopédie Larousse dans sa dernière édition – c'est un chef-d'œuvre d'édition d'ailleurs, huit volumes cartonnés en 1954 – la plupart des planches de métiers sont désuètes. Donc, en un demi-siècle, tous les métiers ont changé, y compris les métiers les plus récents comme le téléphone, comme l'électricité, etc. Donc premièrement, changement de métiers vraiment important. Deuxièmement, explosion de science, c'est-à-dire beaucoup de sciences se sont non seulement renouvelées mais créées pendant ce demi-siècle, et si vous interrogez des professeurs de sciences, vous verrez qu'ils vous répondront qu'ils enseignent en ce moment plus de la moitié des choses qu'ils n'ont pas apprises eux-mêmes lorsqu'ils étaient jeunes, explosion des sciences, et troisièmement transformation complète des mœurs.

M.P. – Mais alors Michel, les mots précèdent ou bien les mots ne suivent pas ?

M.S. – Eh bien, les mots suivent en général cahincaha de la façon suivante. Je vais vous donner trois exemples. Par exemple, pour les métiers. Vous savez sans doute que dans la construction, dans le bâtiment, on bâtit en béton armé et que ce béton est armé. Cela veut dire qu'il est armé avec du fer et qu'il y a une spécialité dans les métiers du bâtiment où l'on prépare ces ferrailles si vous voulez pour couler le béton tout autour. Très bien. Or il n'y avait pas de mot pour parler de ces spécialités-là et on disait « ferrailleur ». Or vous le savez ferrailleur, cela veut dire aussi ceux qui récupèrent les vieux métaux et qui les vendent pour les recycler.

M.P. – Le mot historique.

M.S. – Un mot historique. Et donc le syndicat des ferrailleurs en question m'a saisi et m'a demandé s'il n'y avait pas un mot nouveau pour désigner ce type de métier qui consiste à armer le béton armé.

M.P. – Fer à bétonnier.

M.S. – Eh bien voilà, on a inventé le mot « armaturier » qui a été adopté par l'Académie et, aujourd'hui, ces braves gens s'appellent des armaturiers et non plus des ferrailleurs.

M.P. – Le savent-ils ?

M.S. – Bien sûr. Le syndicat, c'est eux qui nous l'ont demandé. Il y a eu d'ailleurs un échange de lettres très sympathiques entre eux et nous et, par conséquent, voyez sous la pression due à la censure des métiers, bien sûr dans l'informatique, c'est encore pire bien entendu. Deuxièmement les mœurs. Alors dans les mœurs, je vais citer quelque chose que j'aime beaucoup, le sport, et dans le sport, quelque chose que j'aime beaucoup, le rugby à 15. Eh bien

nous avons proposé à l'Académie française d'intégrer le mot « ovalie » qui a été demandé par l'académie du rugby car elle existe...

M.P. – À cause du ballon ovale.

M.S. – À cause du ballon ovale et nous l'avons défini comme l'ensemble des pratiques... enfin c'est un peu copié sur le mot « utopie ». « Ovalie », c'est un peu un pays virtuel comme « utopie » et où il y a des pratiques à la fois de sport, d'arbitrage, de droits, et de réjouissances aussi ou de public. Donc « ovalie ». Et troisième exemple sous la pression de la science alors, pas seulement de la science mais aussi de l'éthique scientifique et de tout ce qui concerne la juridiction scientifique. La haute autorité de santé qui est présidée par le professeur Laurent de Causse m'a saisi d'une lettre où il demandait si on pouvait faire une distinction entre la « sécurité sanitaire », touchant les médicaments, touchant les techniques, etc. touchant la dangerosité de certains médicaments.

M.P. – Un mot français pour « safety ».

M.S. – Voilà ! un mot français pour « safety », exactement ! Et la sécurité de l'environnement des soins dans les hôpitaux, la sécurité concernant les infirmiers, concernant les médecins, les chirurgiens, et la pratique, bref, l'organisation.

M.P. – [xxx]

M.S. – Et j'ai répondu en disant mais « bon dieu, il y a l'expression « sain et sauf ». « Sain » a donné « santé » et « sauf » a donné « sauveté ». Alors je me suis précipité sur les dictionnaires de l'Académie. Il y a une longue liste.

M.P. – Ça existe « sauveté » non ?

M.S. – « Sauveté » existe depuis le Moyen Âge. Il a été gardé par l'Académie française pendant de nombreux siècles et il s'est arrêté curieusement à la fin du xixe siècle. Alors voilà, j'ai proposé à l'Académie française le mot « sauveté ».

M.P. – De le remettre dans le dictionnaire ou il y était resté ?

M.S. – Eh bien vous voyez, il y a des cas d'invention « ovalie », il y a des cas d'invention « armaturier », et puis il y a des cas de résurrection. Voilà.

M.P. – Il avait quitté le dictionnaire ?

M.S. – Il avait quitté le dictionnaire.

M.P. – Carrément.

M.S. – Carrément. Il n'était plus conservé que par les apiculteurs qui lorsque ils préparent des cellules pour préparer les reines, non pas les ouvrières, mais les reines, ils appellent ça « cellules de sauveté » ou « reine de sauveté », ce qui est délicieux.

M.P. – Alors donc vous avez toujours fait des efforts pour éviter le franglais par exemple.

M.S. – On essaie de garder le droit fil de la langue. Mais il faut dire aussi en plus qu'il n'y a pas seulement que l'invention ou l'adaptation ou l'adoubement comme vous avez dit excellemment des mots d'usage, il y a aussi tout un circuit qu'il faut expliquer. C'est-à-dire chaque ministère, par exemple le ministère de la Santé, a un conseil de terminologie, un comité de terminologie, et il y a aussi à l'Académie française un comité de terminologie qui lui est spécialement désigné pour adouber justement les mots nouveaux dont nous parlons.

M.P. – Mais est-ce que, Michel, la nature peut aller

sans cesse vers des mots nouveaux et deuxièmement est-ce qu'il est souhaitable de trouver dans chaque langue des mots qui ont leurs particularités. Est-ce qu'on ne devrait pas aller vers une espèce d'espéranto scientifique ?

M.S. – Il y a il y a un espéranto bien entendu, il y a une langue de communication. Il y a même une histoire des langues de communication. Autrefois le commerce et les sciences parlaient grec. Ensuite le commerce et les sciences ont parlé arabe, ensuite le commerce et les sciences ont parlé latin. Ensuite les sciences et le commerce ont parlé français et maintenant ils parlent anglais et donc il y a une langue de communication, ça c'est certain, mais dans le cas d'apparition de phénomènes nouveaux, comme des métiers, comme des concepts scientifiques, comme des mœurs, ça vaut la peine quand même ou de ressusciter un mot ancien ou de créer un mot nouveau. Mais c'est passionnant et il n'y a pas de plus grande jouissance peut-être que de contribuer comme ça à la richesse de la langue française.

M.P. – Et en plus c'est très discret puisque lorsque l'on invente un mot, on ne laisse pas son nom à ce mot.

M.S. – Non, non, c'est absolument anonyme et je refuse de signer.

M.P. – Michel Serres merci. Bonsoir. Nous gardons le mot « académicien ».

M.S. – Voilà. Merci.

M.P. – Et à dimanche prochain.

PRODUCTION ORALE   p. 104

Nouvelles technologies

① **7.** Aujourd'hui, dans la plupart des pays, tout le monde a déjà un téléphone portable. Mais on ne s'en sert pas seulement pour téléphoner. Dans un article récent du journal quotidien *Le Monde*, la journaliste Cécile Ducourtieux parle des nouvelles technologies qui font vendre les téléphones portables, comme par exemple la vidéo et le téléchargement de films. Selon elle, ce sont parfois des fonctions tout à fait superflues qui n'intéressent pas vraiment les gens. La question qui se pose est : est-ce que ces nouvelles technologies sont toujours utiles ou est-ce qu'elles sont parfois inutiles ? Dans un premier temps, j'examinerai quelles sont les nouvelles technologies qui sont proposées dans mon pays. Je montrerai ensuite lesquelles ont marché et lesquelles n'ont pas marché auprès du grand public, en essayant de comprendre pourquoi. Et enfin je donnerai mon opinion personnelle sur les nouvelles technologies en général.

8. a) Je présenterai tout d'abord les avantages des nouvelles technologies, j'en montrerai ensuite les limites. Je terminerai enfin en prenant position sur ce problème.

b) Dans une première partie, nous verrons les avantages qu'offrent les nouvelles technologies. Dans une seconde partie, je traiterai de leurs inconvénients. En conclusion, je résumerai ma position par rapport à cette question.

9. J'en viens à présent à la deuxième partie de mon exposé où nous allons passer en revue les côtés négatifs des nouvelles technologies.

Nous allons à présent voir quelles sont les limites des nouvelles technologies.

Venons-en maintenant à la question de l'inutilité des nouvelles technologies.

14. 1. On utilise le téléphone portable quotidiennement, c'est-à-dire dans la vie de tous les jours.

2. Les jeunes se laissent convaincre d'acheter des gadgets c'est-à-dire que ces consommateurs représentent la cible la plus facile pour les fabricants.

3. Les publicités visent particulièrement les jeunes autrement dit une cible plutôt influençable.

4. On achète quelque chose pour être à la mode, ou plus précisément on croit qu'on sera à la mode.

5. Souvent on achète des gadgets et deux mois après, on les jette, je veux dire qu'on consomme sans réfléchir.

6. Les publicités visent particulièrement les jeunes, plus exactement les 13-25 ans.

Éducation et médias

② **7.** Ce document traite le problème du temps passé par les jeunes devant des écrans multimédia. Cette dépêche de l'Agence France Presse relate en effet une expérience menée dans une école pour aider les élèves à se passer de télévision et d'écrans en général pendant 10 jours. Nous abusons en effet de la télévision et des autres écrans dans notre vie quotidienne et les jeunes générations sont particulièrement touchées, ce qui a des effets néfastes sur leur développement.

La question qui se pose est donc de savoir si une telle action a oui ou non une répercussion importante et quelles autres actions seraient également envisageables.

Nous verrons tout d'abord ce que j'appelle « les actions de divertissement », je présenterai ensuite les actions d'éducation à l'image et aux médias et, enfin, nous essayerons de déterminer dans quelle mesure il est souhaitable ou non d'interdire totalement les écrans à ses enfants.

8. Il est donc certain qu'il s'agit de savoir discerner et de ne pas être radical en tant que parent. Interdire ou punir ne sert à rien, il faut savoir expliquer et réguler de façon intelligente.

Ce problème renvoie au rôle des parents et de l'éducation en général. En effet, tout est question de dosage. L'éducation est une action très délicate où il s'agit de se remettre constamment en cause, où il faut contrôler tout en laissant à l'enfant une certaine marge de liberté. Beaucoup d'expériences peuvent être bénéfiques pour l'enfant à condition de ne pas en abuser.

> **PASSEZ L'EXAMEN**
> **SUJET D'EXAMEN 1**

COMPRÉHENSION DE L'ORAL   p. 116

① **Europe 1,** *La chronique de Christian Bucher* (30/11/2007)
JACQUES PRADEL – Alors avec Christian Bucher, on va vous parler de ces révélations. Bonjour.
CHRISTIAN BUCHER – Bonjour à tous.

J.P. – On commence enfin à mieux comprendre les raisons du dérèglement climatique de l'Afrique de l'Ouest qui, il faut le rappeler, depuis trente ans, est frappée par une sécheresse d'une ampleur sans précédent et c'est, Christian Bucher, un dérèglement qui joue aussi un rôle majeur dans le climat de toute la planète.

C.B. – Oui et bravo aux quelque 800 scientifiques qui depuis 2001 travaillent sur cette question et qui, jusqu'à ce soir, vous le rappeliez, Jacques, à Karslruhe en Allemagne, mettent leurs recherches en perspective. On sait maintenant pourquoi la saison des pluies, qui est le seul apport d'eau de l'année pour les millions de personnes qui vivent au Sahel notamment, est beaucoup moins généreuse en eau. Un déficit d'eau de 30 %, pouvant même atteindre certaines années ou à certains endroits 60 %, et qui provoque, vous vous en doutez, de véritables catastrophes alimentaires et sanitaires. Non, cela n'a pas toujours été ainsi. Parmi les causes, on sait depuis longtemps que la déforestation est un élément essentiel, mais les scientifiques en ont découvert d'autres qui conjuguent et amplifient leurs effets : l'importance des émissions de poussière liée à l'avancée du désert et la dramatique culture sur brûlis qui consiste à brûler la végétation avant de planter pour dégager le sol et l'enrichir, mais au prix d'un appauvrissement à terme et qui provoque de gigantesques écrans de fumée majorant localement l'effet de serre. Et puis on vient de découvrir également que le réchauffement des eaux océaniques génère moins de remontée d'air froid et donc moins de puissance à la confrontation entre les masses d'air froid venant du golfe de Guinée et l'air chaud venant du Sahara qui forme précisément la saison des pluies. Alors ces découvertes sont capitales. Elles vont servir à prévoir les variations de la saison des pluies au niveau local, cela afin d'adapter au mieux les cultures vivrières et être en mesure de déclencher des alertes alimentaires, cela pour empêcher la répétition en chaînes de catastrophes humanitaires auxquelles nous sommes accoutumés. Et l'on commence aussi à mieux comprendre les mécanismes de formation des cyclones qui ravagent l'espace Caraïbe, qui commencent précisément à se former au large des côtes africaines. Une belle recherche et déjà, il faut le dire, un beau bilan.

J.P. – Et un beau coup de chapeau que vous venez de donner donc, à ces scientifiques, réunis, rappelons-le, jusqu'à ce soir en Allemagne. Merci Christian Bucher.

2 France Inter. *Reporters*, Chronique de Sophie Bécherel (08/11/2007)

JOURNALISTE – 7 h 16. Reporters. L'Europe prudente sur les nanotechnologies. Bonjour Sophie Bécherel.

SOPHIE BÉCHEREL – Bonjour !

J. – Les nanotechnologies, vous roulez dedans, vous en portez peut-être, vous en étalez sur votre peau et pourtant vous l'ignorez ! Plastiques de voiture, raquettes de tennis, textiles, verres, aciers. Mais aussi certains médicaments et produits cosmétiques. Ces technologies du minuscule, où l'on manipule la matière à l'échelle de l'atome, sont déjà dans notre vie quotidienne. Faut-il s'en réjouir ou s'en méfier ? Sont-elles utiles ou pur objet de marketing ? Les nanotechnologies, nouvel eldorado ou simple mirage ? L'Union européenne se pose sérieusement toutes ces questions. Sophie.

S.B. – Oui, la commission européenne a organisé il y a une dizaine de jours un premier colloque autour de cette question : le succès des nanotechnologies dépendra de leur niveau de sécurité. Autrement dit, comme pour les OGM ou toute nouvelle technologie, le discours enthousiaste des scientifiques ne suffit plus. Le citoyen doit pouvoir peser le pour et le contre, être convaincu de l'innocuité de ces produits, avoir la garantie que toutes les études d'impact ont été menées pour pouvoir faire un choix. Je les utilise ou je ne les utilise pas, je les achète ou pas. Premier obstacle : comment sait-on qu'on achète un produit nano ou avec des particules nanotechnologiques dedans par exemple ?

J. – Vous voulez dire qu'il n'y a pas de définition claire, pourtant le nanomètre, c'est quelque chose de précis, c'est le milliardième de mètre …

S.B. – Oui, mais entre un nanomètre – 30 000 fois plus fin qu'un cheveu – et 100 nanomètres – 70 fois plus petit qu'un globule rouge –, la fourchette est large, vous en conviendrez. Par exemple, [si] on va faire un petit quiz si vous le voulez bien. Je vous cite des objets, vous me dites si, selon vous, ils ont un rapport avec la nanotechnologie, si ce sont des nano-objets. Alors on commence avec le béton.

J. – Nano.

S.B. – Nano. La farine du boulanger ?

J. – Pas nano.

S.B. – Eh ben, si ! Les grains de farine sont de taille nanométrique. Le rouge à lèvres longue tenue ?

J. – Euh, nana, pas nano !

S.B. – Il y a dedans des nanoparticules de zinc... La bouteille plastique d'un jus d'orange ?

J. – Nano.

S.B. – Oui, on peut en trouver dans certains emballages. Le pare-choc de votre nouvelle voiture ?

J. – J'ai pas de voiture.

S.B. – Mais il peut y avoir des nanoparticules incorporées dans le plastique. Et puis les particules qui sortent du pot d'échappement de la voiture qui est devant vous ?

J. – Nano.

S.B. – Il y en a, mais, voyez, des nanoparticules naturelles [en quelque] enfin naturelles... – qui existaient avant...

J. – Mais qui sont naturelles.

S.B. – Avant que le terme n'émerge. Selon le centre international Woodrow Wilson, il y aurait aujourd'hui 580 produits de consommation courante sur le marché mondial. Mais très peu s'affichent comme tels. Or, si on veut établir une relation de confiance entre les fabricants et les utilisateurs de nanotechnologies, mieux vaut jouer la transparence. C'est ce que plaide Françoise Roure, en charge du dossier nanotechnologie au ministère de l'Industrie.

FRANÇOISE ROURE – La première étape, il faut que les industriels, me semble-t-il, acceptent d'être référencés, identifiés comme étant des producteurs de nanoparticules ou des intégrateurs de produits nano-manufacturés dans des solutions et sans cette identification, il est très difficile de commencer à enclencher un dialogue.

S.B. – C'est pas le cas aujourd'hui ? Ils se cachent un peu ?

F.R. – Il semblerait que, lors du Grenelle de l'environnement, la direction générale de la santé ait effectivement reposé la question de la réponse à ces questionnaires en ce domaine-là. Et il est dommage que… il faut que les industriels n'aient pas peur. Je crois que c'est mon principal message. On entre dans un système où tout le monde peut gagner, et simplement l'identification ne vaut pas effectivement le marteau pilon pour écraser la mouche au contraire. S'identifier comme étant un acteur de la recherche ou de la production, c'est commencer à travailler sur un travail de dialogue, sur un travail de concertation, et je pense que tout le monde a à y gagner.

J. – Mais Sophie, pourquoi faudrait-il pouvoir identifier ces produits ? Après tout, quand on achète un soda ou une crème solaire, on ne se demande pas s'il y a de la nanotechnologie dedans. On devrait ?

S.B. – Eh bien, c'est un peu comme les OGM. L'innovation de ces produits vient de ce qu'on utilise des propriétés physiques ou chimiques particulières qui sont propres à la matière à l'échelle nanométrique. Or, on s'est rendu compte qu'à cette échelle-là, il ne se passait pas les mêmes réactions qu'à l'échelle classique. Si vous ajoutez des nano-tubes de carbone à de l'acier par exemple, vous allez rendre cet acier beaucoup plus léger, mais six fois plus résistant. Impeccable, vous allez me dire. D'un autre côté, on s'est aperçu que des tas de nano-particules d'or ou de fer par exemple étaient capables d'atteindre les plaquettes sanguines, le plasma, voire le cerveau. Elles vont là où ne vont pas les autres particules et sont capables d'interagir avec les cellules, nous disent les toxicologues, et là on se dit : « moins formidable ! ».

PRODUCTION ORALE   p. 124

Sujet n° 1

CANDIDATE – Bonjour Monsieur.

PROFESSEUR – Bonjour Mademoiselle. Vous êtes Maria Gomez, c'est cela ?

C. – Oui.

P. – Lequel des deux sujets avez-vous choisi ?

C. – Celui sur la BD.

P. – Très bien. Je vous écoute.

C. – L'article de journal proposé est tiré d'un site Internet, 20 minutes.fr, et le journaliste Olivier Mimran nous informe sur la parution, sous forme de Bandes dessinées, des grands classiques de la littérature. Le mot « bulle » en effet qui est dans le titre se rapporte aux bulles des BD où s'inscrivent les dialogues. Le journaliste présente l'événement comme une chance pour la littérature qui s'offre, dit-il, une « seconde jeunesse ». En effet, l'éditeur vise surtout un public jeune qui peut ainsi entrer en contact avec la littérature, car les adaptations sont très fidèles aux textes de départ. Les premières œuvres adaptées sont les *Trois Mousquetaires* et *Robinson Crusoé*. Et, chose, curieuse, les dialogues passent très bien.

Cette idée commerciale pose le problème de la culture générale dans la société et celui de la lecture plus en particulier. En effet, si tout le monde aimait lire, on n'aurait pas besoin de transformer des livres en albums de BD. Donc ce choix éditorial destiné à la jeunesse révèle la difficulté qu'ont les jeunes de lire des romans, disons « anciens », même si ce sont des livres qui en réalité sont passionnants. Leur succès sous forme de BD prouve que ce ne sont pas les histoires qui sont « ringardes », puisque dans la BD l'histoire est exactement la même, mais ce qui va bloquer la lecture pour bon nombre d'apprentis lecteurs, c'est que le roman doit également décrire tout ce qui sert pour mieux comprendre l'action, et, par conséquent, le romancier utilise une forme de langage plus complexe que le langage parlé où on n'a pas besoin de décrire le paysage, les personnages, les situations. Avec la BD, tout ce qui relève du visuel est pris en charge par l'image, comme au cinéma, et par conséquent l'écriture est réservée aux « bulles » précisément, c'est-à-dire au dialogue transcrit. D'où la plus grande facilité de lecture probablement. Alors que penser d'une telle décision ? D'un côté, on peut se féliciter que des œuvres culturellement importantes puissent ainsi être connues et appréciées par un public beaucoup plus large. Il peut du reste toujours y avoir un effet de stimulation. Lire une BD de Jules Verne ou la BD de *Don Quichotte*, pourrait inciter un jeune lecteur à prendre en main le roman par la suite. Mais d'un autre côté, on dénature ce que la littérature a de spécifique aussi : un roman n'est pas seulement une histoire, c'est une écriture particulière. C'est-à-dire qu'en banalisant le livre sous forme de BD, on gomme toute l'esthétique littéraire. Et puis d'un point de vue éducatif, c'est précisément en lisant tout ce qui va au-delà du dialogue qu'on enrichit sa connaissance de la langue, qu'on apprend des mots nouveaux.

Alors est-ce un bien, est-ce un mal ? Personnellement, je le vois tout de même plutôt comme un bien pour donner aux jeunes envie de lire, envie de découvrir d'abord des histoires. C'est toujours mieux que rien. Il faut être réaliste ! Puis dans un deuxième temps, cela stimulera à mon avis, chez certains, pas chez tout le monde bien sûr, le désir d'aller plus loin, de rencontrer non seulement un livre, mais un écrivain.

Cette première raison a le mérite de jouer en faveur d'un vernis de culture générale. Mais je voudrais ajouter un aspect spécifique de la BD qui en fait une entreprise qui a son bienfondé intrinsèque : il ne faut pas oublier la qualité du dessinateur. Après tout, le dessin est aussi un art, et il s'agira pour le dessinateur de rendre au mieux l'atmosphère du livre. Si les styles graphiques varient de livre en livre, le lecteur sera confronté à des formes artistiques différentes. La même chose se produit avec l'adaptation cinématographique. Dans les deux cas, il s'agit d'une interprétation du texte à travers le visuel. Et je trouve que ce n'est pas mauvais en soi.

Donc, voilà, je ne suis pas choquée par cette idée éditoriale, au contraire.

P. – Eh bien moi si. Je suis très choqué. Je trouve que la BD aplatit le texte, et que c'est dommage de faire subir cette amputation aux grands textes.

C. – C'est vrai qu'il s'agit, comme vous dites d'une amputation. J'ai souligné dans mon intervention que ce choix ne prenait pas en compte le style, mais je reste de l'avis que un peu est toujours mieux que rien.

P. – Mais vous ne pensez pas qu'on peut amener les jeunes par d'autres voies à la littérature ?

C. – Certains y arrivent. Daniel Pennac est capable de faire vibrer des élèves en leur lisant le *Parfum* de Suskind. Lui a recours à autre chose – la voix, l'oral – qui permet de mettre en scène le texte, de lui donner du relief. Donc oui, vous avez raison, il y a d'autres moyens pour faire aimer la littérature. Mais il n'y a pas de recette miracle ; tous les moyens sont bons à mon avis, y compris la BD.

P. – Vous aimez la BD ? Vous en lisez beaucoup ?

C. – Oui, j'aime la BD. Je lis les classiques de la BD – vous voyez il n'y a pas que des classiques littéraires : Tintin, Astérix, Gaston, Spirou, Gotlib..., et quelques autres. Mais il y a tellement de choix de BD en français...

P. – Vous auriez une autre recette pour faire aimer la littérature aux jeunes ?

C. – Eh bien, le théâtre. Je trouve qu'on peut arriver à motiver les jeunes. J'ai vu un film à ce propos, *L'Esquive*. Un prof arrive à faire jouer à des élèves de banlieue une pièce de Marivaux. C'est fabuleux !

P. – Eh bien je vous remercie. Vous avez été convaincante. Excusez-moi : une petite question. Où avez-vous appris le français ?

C. – Ma mère est française.

P. – Je comprends mieux l'absence d'accent. Au revoir mademoiselle !

PASSEZ L'EXAMEN
SUJET D'EXAMEN 2

COMPRÉHENSION DE L'ORAL   p. 125

1 France Info Tours (14/07/2007)

À l'aquarium du Val de Loire, les visiteurs n'assisteront pas cet été aux sauts périlleux de Joséphine. La carpe chinoise, vedette de l'aquarium a été sauvagement agressée. Quatre jeunes clients qui refusaient de payer et qui se sont finalement acquittés du montant du billet d'entrée se sont vengés en jetant par terre Joséphine. Elle a perdu des écailles et se remet de ses émotions dans son bassin mais les soigneurs expliquent qu'il faudra du temps avant qu'elle se réhabitue à la présence humaine. Une plainte a été déposée par l'aquarium.

Le sourire de la semaine, en Touraine et bien au-delà, c'est celui de la Joconde. C'est l'œuvre la plus connue de Léonard de Vinci. Il n'est donc pas surprenant qu'elle soit à l'honneur pendant six mois au Clos Lucé à Amboise dans la dernière demeure du peintre au XIVe siècle. L'exposition est en trois parties. La première revient sur la genèse de l'œuvre, la deuxième propose les commentaires de

39 scientifiques du monde entier sur ce tableau. Enfin la dernière partie de l'exposition est beaucoup plus ludique ; elle présente tous les projets artistiques et commerciaux que la Joconde a inspirés ; par exemple une reproduction par Dali. La *Joconde inattendue*, c'est jusqu'au 6 janvier 2008 au Clos Lucé à Amboise.

Enfin ces deux derniers mois, il est tombé sur la Touraine un tiers des précipitations relevées habituellement en un an. Ces intempéries bouleversent quelques festivités du 14 juillet. Les villes de Saint-Cyr-sur-Loire et Lariche par exemple ont dû annuler leurs feux d'artifice. La Loire est trop haute; elle recouvre en partie les endroits où les pétards auraient dû être disposés. Le feu d'artifice de Tours, lui, n'est pas remis en cause. Il sera tiré ce soir à 23 heures. À Tours, Boris Compaing, France Bleu Touraine pour France Info.

2 RFI, *Les visiteurs du jour*, émission présentée par Anne-Cécile Bras (29/01/2008)

Voix off. – Histoire du jour. Anne-Claire Bulliard.

ANNE-CÉCILE BRAS – Bonjour Anne-Claire.

ANNE-CLAIRE BULLIARD – Bonjour Anne-Cécile.

ANNE-CÉCILE – Alors aujourd'hui, vous souhaitez nous parler d'un support pédagogique novateur : les vêtements.

ANNE-CLAIRE – Eh oui, c'est un graphiste qui est à l'origine de cette idée. L'envie trottait dans la tête de Nicolas Taubes depuis longtemps et puis un jour il s'est lancé. Alors il a arrêté son travail et, pendant trois ans, il a conçu des vêtements destinés aux enfants, en se demandant comment utiliser au mieux ce support.

ANNE-CÉCILE – Alors par exemple, ça donne quoi ?

ANNE-CLAIRE – Ça donne par exemple un T-shirt avec des manches longues baptisé « suivez la flèche » avec inscrits *droite* et *gauche* sur les avant-bras avec une écriture qui correspond à celle utilisée par la maîtresse dans les classes, vous savez ces lettres bien dessinées et très rondes, bien loin de certains gribouillis que l'on peut connaître. Ces T-shirts s'adressent aux enfants de 6 ans, étant donné qu'il faut savoir lire. D'autres T-shirts à manches longues avec un col cheminée expliquent l'anatomie. C'est très précis tant dans les couleurs que dans les proportions comme nous l'explique Nicolas Taubes.

NICOLAS TAUBES – Celui-là voilà s'appelle « par où ça passe ». Il est imprimé à l'envers, ce qui fait que l'enfant va devant une glace pouvoir lire : l'œsophage, l'estomac, le duodenum. Donc il est très simple, très graphique. Donc il existe dans les trois langues, en espagnol, en anglais et en français. Ce modèle-là s'appelle « tomber sur un os ». Il explique le squelette un peu à la façon d'une radiographie. Donc là l'avantage, c'est les proportions, la taille, c'est-à-dire que plus que dans l'intérieur d'une encyclopédie ou sur un poster, c'est très grand, c'est à notre taille et l'enfant voit et en même temps peut ressentir, toucher ses côtes, son sternum ; il le voit et il le sent en même temps, donc il y a quelque chose en terme de prise de conscience, de ressenti de son squelette qui est très intéressante. Et puis sinon là aussi, je suis très simple, je dis le bassin, les côtes, la colonne vertébrale. Donc je rentre pas plus dans le détail qu'on ne le ferait à l'école primaire.

ANNE-CLAIRE – Et puis dans la série anatomie, il y a un autre modèle qui explique les organes vitaux. Alors avant de commencer ce travail, Nicolas Taubes a fait des réunions Tupperware avec des enseignants pour bien s'adapter au programme scolaire.

ANNE-CÉCILE – Et du coup, j'imagine qu'il y a d'autres modèles ?

ANNE-CLAIRE – Eh bien oui. Il y a un T-shirt là aussi à manches longues qui s'appelle « Interdit à l'école ». Et on peut comprendre pourquoi.

N.T. – Il y a le numéro 4 qui s'appelle *Interdit à l'école* parce qu'on va retrouver sur la manche de gauche et la manche de droite les tables de multiplication de 2 à 9, sachant que, voilà, que ça fait partie des seules choses qu'on leur demande de savoir par cœur aujourd'hui. Donc j'ai pas la prétention d'expliquer les tables de multiplication mais je leur fournis un support pour le week-end, l'avoir sous les yeux tout le temps et je leur recommande fortement de demander à l'enseignant avant de l'apporter à l'école. Bon, moi, j'ai eu des réactions d'instituteurs qui m'ont dit que ça les dérangeait pas, qui faisaient des interros parfois sur les tables de multiplication et qui laissaient sur les murs de la classe les tables, avec cette idée que [si l'enfant] que l'enfant peut se référer à un document et que ça le gêne pas. Bon j'avais aussi des instituteurs qui étaient quand même plus hésitants par rapport au sujet. Donc bon, c'était bien de l'appeler *Interdit à l'école*. Donc voilà, en phase d'interro, faut retrousser ses manches, comme ça on ne voit plus les tables ou il faut pas amener le T-shirt à l'école ce jour-là.

ANNE-CÉCILE – J'imagine que ces T-shirts, on peut les acheter ?

ANNE-CLAIRE – Eh ben oui. Les premiers vêtements éducatifs ont été vendus alors à Paris, en Suisse, aux États-Unis. Les commandes se font via un site internet www.mesvetementseducatifs.com ou bien dans un show-room qui est en région parisienne. Alors pour l'instant, seul point un petit peu rédhibitoire pour certains, ce sont le prix de ces vêtements.

ANNE-CÉCILE – C'est assez cher.

ANNE-CLAIRE – C'est assez cher oui, et Nicolas Taubes aimerait s'adresser au plus grand nombre, donc pour l'instant, c'est pas évident.

N.T. – Dans un premier temps, moi ce que je regrette, c'est que les produits sont très chers parce qu'on les développe à très peu d'exemplaires, qu'on a mis trois ans à mettre en place la collection, qu'on emploie des techniques et des matériaux qui sont assez nobles et donc j'ai tout un autre travail qui est de convaincre des distributeurs pour m'associer avec eux et pour industrialiser le processus et donc arriver à des produits qui puissent être vendus aux alentours de dix euros pour un T-shirt manches longues. Voilà, c'est déjà pas donné pour tout le monde mais... voilà, le problème, c'est qu'aujourd'hui, je suis à 43 euros pour le modèle le plus simple, ce qui est quand même... ce qui est exorbitant et donc ne peuvent se le permettre que des parents dont les enfants sont déjà effectivement très gâtés, ont déjà tout ce qui leur faut comme éléments stimulants autour d'eux. Donc j'ai voulu faire quelque chose d'utile et donc il faut que ce soit accessible, et c'est vrai que moi, je peux pas, je suis pas un capitaine d'industrie ou un... moi je suis un, voilà, je suis un graphiste et je veux rester à ma place par rapport à ça. Donc m'associer avec des distributeurs, c'est l'avenir de ce projet qui en dépend et c'est ce qui fera qu'effectivement j'aurai des produits qui seront accessibles pour tout le monde.

ANNE-CLAIRE – Enfin si vous voulez vous faire une idée, vous pouvez quand même aller faire un tour sur le site Internet et puis suivront peut-être d'autres produits comme par exemple des gants avec le nom des doigts inscrits sur les gants ou des moufles avec inscrits droite et gauche en japonais. Enfin les idées de manquent pas dans la tête de ce créateur.

ANNE-CÉCILE – Merci Anne-Claire Bulliard.

CORRIGES

COMPRÉHENSION DE L'ORAL p. 12

1 1. b; **2.** c; **3.** b: une partie des emplois non pourvus ; difficultés d'embauche ; **4.** a ; **5.** 1. b − 2. a ; **6.** 50 000 euros ; **7.** c ; **8.** b

2 1. a ; **2.** b ; **3.** a et d ; **4.** c ; **5.** b ; **6.** a

3 1. b ; **2.** c ; **3.** Le conférencier donne l'exemple d'auteurs du siècle des Lumières comme Voltaire et Diderot. ; **4.** a ; **5.** c et d ; **6.** La tradition orientaliste s'est intéressée essentiellement à la littérature arabe classique. ; **7.** b ; **8.** des traductions scientifiques avec des notes ; **9.** c, d, e et f ; **10.** c ; **11.** des romans à caractère historique, inspirés de l'histoire islamique ; **12.** le style de l'époque : ambiance romantique.

4 1. c ; **2.** b ; **3.** a ; **4.** Ils ne voulaient pas abandonner leur clientèle un samedi matin. ; **5.** samedi ; **6.** étudier les chiffres du commerce, débattre du développement du commerce ; **7.** deux mois avant l'émission ; **8.** 2006 ; **9.** léger regain d'activité pour les commerces de centre-ville ; **10.** Il est « manager de centre-ville ». Il s'est occupé du commerce du centre-ville de Limoges ; **11.** b ; **12.** b ; **13.** b et f ; **14.** Réunir tous les commerçants pour se faire entendre et constituer une force efficace.

COMPRÉHENSION DES ÉCRITS p. 18

1 1. 1. L'article parle des militants des Amis de la Terre, désignés dans le texte par AT. − 2. Ils ont planté des arbres sans autorisation. − 3. pendant la nuit du jeudi 6 décembre au vendredi 7 décembre. − 4. à la Bibliothèque nationale, à la tour Eiffel, au square Vert Galand, à Montmartre, quatre lieux symboliques de Paris. ; **2.** 1. b. *Nous voulons que soit créée une loi forte pour enrayer ce commerce* (l. 32-33) *Les AT militent pour une traçabilité du bois exotique* (l. 39). − 2. c. *au rythme où disparaissent les forêts tropicales [...] accélérant ainsi le réchauffement climatique, l'enjeu est de taille* (l. 35-37) ; **3.** 1. a − 2. a ; **4.** 1. Les jeunes gens ont loué un véhicule assez grand pour contenir les arbres. − 2. un 5e jeune est parti en avant pour vérifier qu'il n'y ait personne là où ils devaient planter l'arbre. − 3. L'arbre est tout petit et maigre (il n'a pas de feuilles en hiver). − 4. à ce moment-là − 5. qui ne pourrit pas, ne s'abîme pas − 6. les membres de la même association en Belgique − 7. insister fortement auprès de la commission européenne pour la contraindre à agir. − 8. bloquer ce commerce, l'empêcher de se dérouler. ; **5.** 1. Vrai. *deux garçons, deux filles* (l. 2-3) − 2. Vrai. *quelques secondes pour immortaliser l'action* (l. 9) *Photos de groupe avec arbre* (l. 25) − 3. Faux. *l'escalier mouillé devient une vraie patinoire.* (l. 15) ; **6.** 1. b − 2. b − 3. a − 4. c ; **7.** 1. b − 2. c − 3. c ; **8.** 1. Parce qu'elle comporte beaucoup de bois exotiques (escaliers et pare-soleils) sans que l'on se soit inquiété de savoir d'où venait le bois, et, donc, elle représente un emblème de la lutte contre l'exploi-

tation du bois exotique. − 2. La journaliste a probablement participé à l'action parce qu'elle évoque l'atmosphère de la nuit « la nuit est douce et humide », parce qu'elle décrit l'action au présent comme si elle y était, parce qu'elle recueille l'interview de Sylvain Angerand dans la voiture, « Une fois en sécurité ». − 3. Elle suggère qu'aucun gouvernement − sous-entendu de droite ou de gauche, c'est-à-dire avec des positions sur ce thème qui auraient pu être différentes − n'a jamais rien fait dans ce domaine.

2 1. 1. Alain Bentolila, en qualité de professeur d'Université − 2. Il s'adresse aux lecteurs du *Monde* et à tous les citoyens français en général. Tous sont concernés par les universités du pays (qui sont à tous) − 3. c. − 4. a ; **2.** 1. Vrai. *Une université plus autonome sera plus exigeante et il faut qu'il en soit ainsi !* (l. 16) − 2. Faux. *certains des étudiants restent de médiocres lecteurs, de piètres scripteurs et se révèlent d'une navrante maladresse lorsqu'ils auront à expliquer et argumenter.* (l. 11-13) − 3. Faux. *Il y a urgence à réformer nos universités Mais nous risquons de commettre la même erreur : imaginer qu'on puisse transformer une seule des composantes − la plus haute − sans se préoccuper des autres...* (l. 39-42) ; **3.** 1. Nos universités se laissent aller, dorment (comme des chats trop tranquilles) − 2. Des gens qui écrivent mal. − 3. Une maladresse qui est regrettable, qui ne devrait pas exister. − 4. des universités de mauvaise qualité où vont les étudiants peu brillants. − 5. lorsque l'on se rend compte du niveau des étudiants en 4e année d'université, c'est trop tard, il n'y a plus de possibilité d'y remédier (de « faire appel » pour avoir une chance en plus) − 6. à cause de ces déficits linguistiques, certains étudiants sont orientés vers des filières de bas niveau sans avenir professionnel. ; **4.**

Type d'établissement	Niveau d'enseignement
école	*enseignement primaire*
collège	enseignement secondaire
lycée	enseignement secondaire
université	enseignement supérieur

5. 1. b − 2. c − 3. c ; **6.** 1. a. Le recrutement des enseignants et l'adaptation de l'université aux besoins économiques et sociaux. − b. Les universités offrent peu de choses intéressantes et ont peu d'ambitions. − 2. L'autonomie des universités permettra de mieux agir sur le recrutement des enseignants et sur les projets. − 3. Non, si les étudiants ont un niveau trop bas. − 4. Les étudiants maîtrisent mal leur propre langue et donc ne peuvent pas bien exprimer leurs pensées. − 5. Si on n'est pas exigeant au début de la scolarité, la sélection, nécessaire avec l'autonomie, se fera tard à l'université et sera encore plus douloureuse. ; **7.** 1. Si l'université va mal, c'est à cause de l'enseignement primaire et secondaire peu exigeants sur le plan linguistique. − 2. Le fait de ne pas insister sur la maîtrise du français est pour l'auteur un comportement démagogique (pour plaire aux élèves) et un comportement qui ne voit pas les conséquences graves (aveuglement). − 3. Le fait de repousser à plus tard la sélection implique qu'elle apparaît sévère quand elle est appliquée trop tard. – 4. Certains élèves ont une connaissance tellement rudimentaire de la langue française qu'on peut presque dire qu'ils sont illettrés (ne savent ni lire ni écrire). ; **8.** 1. La formation initiale conditionne les ambitions de l'université. Si l'école ne donne pas une bonne formation intellectuelle et linguistique, alors les étudiants qui arrivent en fac ne sont pas capables de recevoir un enseignement de qualité, si bien que les ambitions de l'université baissent. Ou alors, il faut une sélection à l'université et un tiers des bacheliers seront éliminés. – 2. Si l'école ne joue pas son rôle formateur au niveau linguistique pour tous, les jeunes qui ne maîtrisent pas le langage (souvent issus de milieux défavorisés) se retrouvent dans des orientations de bas niveau sans avenir qui sont dévalorisées, et plus tard dans des universités sans valeur. Une école de qualité donne ses chances à tous.

PRODUCTION ÉCRITE   p. 28

1 1. 1 B – 2 A – 3 E – 4 I – 5 D – 6 G – 7 F – 8 H – 9 J – 10 C

Hier, j'étais comme d'habitude dans le train qui me ramène chez moi après le travail. Je lisais le journal quand, tout à coup, le train s'est arrêté. D'abord, j'ai pensé qu'il s'agissait de quelque chose de normal, mais comme le train ne repartait pas, j'ai commencé à m'inquiéter. Une dizaine de minutes se sont écoulées, puis le conducteur du train est enfin passé dans mon wagon. Vous ne devinerez jamais ce qui se passait : les câbles électriques étaient défectueux et le train ne pouvait pas repartir. (!) Mais ce n'est pas le plus incroyable de cette aventure. Comme nous nous trouvions au milieu de nulle part, le conducteur nous a dit que la seule chose à faire, c'était de sortir et de... pousser le train ! C'est fou, non ? Alors nous avons dû descendre sur les voies, nous étions une centaine et nous avons commencé à pousser. Beaucoup riaient, d'autres râlaient. Heureusement, il n'a fallu que quelques mètres et tout est rentré dans l'ordre. Finalement nous sommes arrivés avec moins d'une heure de retard mais un peu plus fatigués que prévu ! ; **2.** 1. il y a – 2. jusqu'à ce qu' – 3. tant que – 4. tandis que/alors que/ au moment où/pendant que – 5. après que/dès que/lorsque/quand – 6. chaque fois que/toutes les fois que/quand/lorsque; **3.** Je viens de lire – Je ne crois pas qu'on puisse – tu t'étais blessée – il faut que tu écrives – vous devriez – fassent – je ne prendrais – vous auriez dû; **4.** je lui ai dit 1) que je n'en revenais pas et 2) que je ne croyais pas qu'on puisse demander des choses pareilles aux passagers. Je lui ai demandé 3) ce qu'elle aurait fait si elle avait été blessée et 4) si elle et les autres voyageurs avaient pensé à créer une association.; **5.** 1. à cause de/en raison de – 2. par conséquent/c'est pourquoi/alors/si bien que – 3. Comme/Étant donné que/Vu que/Dans la mesure où/Du fait que – 4. Puisque/Comme/Vu que – 5. d'où/de là – 6. Grâce à ; **6.** 1. Au cas où – 2. Si – 3. à condition que/si –

4. dans l'éventualité qu' – 5. à moins que – 6. sinon; **7.** 1. Malgré les retards fréquents malheureusement, le train.../ quoique les retards soient malheureusement fréquents, le train... / Les retards sont fréquents, pourtant le train est un moyen agréable de voyager. – 2. Je suis vraiment en colère ; en revanche, les autres... / tandis que les autres... / contrairement aux autres qui... – 3. Le train est arrivé avec 20 mn de retard, pourtant/cependant il était resté en panne plus d'une heure. – 4. Même si les passagers ne voulaient pas, ils ont poussé... / bien que les passagers ne veuillent pas, ils ont poussé... / Les passagers ne voulaient pas..., et pourtant ils l'ont fait/ils l'ont fait quand même. – 5. ...pour que de telles choses n'arrivent plus. – 6. Un service en ligne a été mis en place afin de créer...; **8.** 1. Le contrôleur a été plus compréhensif et moins agressif que les employés au guichet. – 2. Cet incident a été la meilleure preuve de solidarité entre les gens.

2 1. Verbes : 1. je trouve – 2. J'estime que – 3. Je crois que – 4. Il me semble que – 5. je me demande – Autres expressions : 6. En ce qui me concerne – 7. à mon avis – 8. selon moi ; **2.** Adjectifs positifs : 1. impressionnant(e) – 2. magnifique – 3. sublime – 4. exceptionnel – 5. touchant(e) – 6. convaincant(e) – 7. attractif – Adjectifs négatifs : 1. navrant – 2. étrange – 3. lamentable – 4. mauvais – 5. affligeant – 6. décevant – 7. inintéressant ; **3.** Positif : 1. On ne reste pas indifférent – 2. Je suis ravi – 3. Ça ma plu – 4. Je suis contente – 5. Ce film vous transporte – 6. Vous ne serez pas déçu – 7. J'ai adoré – Négatif : 1. J'ai détesté – 2. j'ai honte – 3. Je suis choqué – 4. Quelle déception – 5. Ça ne vaut pas la peine – 6. Je regrette – 7. Je suis excédé ; **4.** Positif : 1. je vous le conseille! – 3. À ne manquer sous aucun prétexte – Négatif : 2. À ne surtout pas voir – 4. Ça ne vaut pas la peine de sortir de chez soi ; **5.** certitude : 1, 6, 10, 12 – nécessité : 8, 11, 15 – possibilité/probabilité : 4, 5, 7, 14 – volonté : 2, 9, 13 – souhait : 3, 16 ; **6.** 1. J'envisage de /je pense écrire/il est probable que... – 2. J'aimerais que... – 3. ...qui est convaincue, qui m'a assuré que..., qui est sûre que... – 4. Il est probable/il se peut que...; **7.** 1 b B – 2 a A – 3 c A

3 1. Pour : 1, 3, 4 – Contre : 2, 5, 6 ; **2.** 1 B – 2 D – 3 F – 4 E – 5 A – 6 C ; **3.** Phrases n° 1, 3, 6 ; **4.** Parties du discours : 2, 3, 6 – Conclusion : 1, 4, 5 ; **5.** c'est-à-dire/à savoir/en d'autres termes – d'une part/d'un côté – par exemple – alors/dans ce cas – d'autre part/en revanche/par contre/mais – car/d'autant plus que – dans un premier temps/ au début – donc/par conséquent

4 Proposition de corrigé :

Athènes, le 4 août 2008

Mlle Angelina Bachas
Tristis Septembriou 32
Athènes

à Air France
Service clientèle

.../...

CORRIGES

---...
/...----

Madame, Monsieur,

Je m'adresse à vos services afin de demander des explications sur l'application d'un règlement que je trouve pour le moins contestable. Voici les faits.

J'avais acheté un aller-retour Athènes-Paris : départ le 15 juillet, retour le 30 juillet. Or, pour une raison personnelle dont je suis entièrement responsable, j'ai manqué l'avion du 15 juillet. Devant être impérativement à Paris le 16 pour la remise d'un prix littéraire que j'ai gagné à l'Alliance française, j'ai donc pris un autre vol sur une autre compagnie disponible, perdant ainsi mon aller sur Air-France. Je pensais toutefois pouvoir bénéficier de mon billet de retour à la date prévue, puisque l'ensemble du voyage était déjà réglé et la réservation à mon nom. Or j'apprends que n'ayant pas fait l'aller, je ne peux bénéficier du retour et qu'il me faut racheter un autre billet. Or les prix des billets aller-simple pris au dernier moment sont excessivement élevés. J'ai donc dû racheter un autre billet sur une autre compagnie.

Je me permets de protester vigoureusement contre un tel procédé. En effet, que j'aie fait ou pas le voyage aller ne change rien pour la compagnie Air-France qui a perçu le montant total de mon aller-retour. Par conséquent, il apparaît pour le moins arbitraire d'empêcher les gens de voyager sur une place déjà réservée pour le retour à leur nom et dûment payée à l'avance. Il n'y avait aucune modification de date ou d'horaire de ma part pour le vol retour. Et pour le vol aller, ma place au pire pour la compagnie sera restée vide, ou bien revendue. Je pense donc que ce règlement d'Air-France lèse le voyageur et n'est absolument pas équitable. Je me permets par conséquent de vous demander de bien vouloir examiner mon cas, et de procéder au remboursement du billet que j'ai été contrainte d'acheter pour regagner mon pays. Je me permets de vous signaler que copie de cette lettre sera envoyée aux associations de consommateurs pour avoir leur opinion sur l'aspect légal des faits.

Confiante qu'une compagnie comme la vôtre, que j'avais choisie pour son sérieux, voudra bien réparer ce que j'ose considérer comme une erreur d'application, je vous adresse, Madame, Monsieur, l'expression de mes sentiments distingués.

Angelina Bachas

PS. Vous trouverez ci-joint copie de mon billet aller-retour.

PRODUCTION ORALE p. 40

1 1. b ; **2.** b ; **3.** 1. a : Auteur : G. LA. Journal *Libération* en ligne du 2 avril 2008 – 2. b : Des PME se sont lancées sur le marché balbutiant du solaire-clé en main (= thème général) ; **4.** 1. le coût de l'énergie flambe (et donc il faut chercher des énergies alternatives) – 2. La technologie s'améliore. – 3. Il y a des obligations européennes sur l'énergie renouvelable. ; **5.** a et d ; **6.** Problématique 1 : 2, 4, 6, 7 – Problématique 2 : 1, 3, 5, 8 ; **7.** Problématique 1 : 2 (opinion générale), 7 (première justification : le prix abordable), 6 (un défaut), 4 (d'autres solutions) – Problématique 2 : 5 (opinion principale), 3 (un avantage), 8 (une objection), 1 (une autre solution) ; **8.** 1. mais, par contre – 2. donc – 3. aussi

2 1. c ; **2.** b ; **3.** Ce document est **extrait d'**un article **paru dans** le journal *Le Figaro* du 3 mars 2008. Le **journaliste**, Frédéric Brillet, **informe** le lecteur **sur le fait que** des entreprises offrent à leur personnel des séminaires de **culture générale**. ; **4.** 1. spécialistes des sciences humaines – 2. a. immobilier – b. tourisme – c. grande distribution – 3. b – 4. a. formation. b. communication interne. c. motivation ; **5.** Des **spécialistes de sciences humaines** tiennent des **conférences** sur des thèmes généraux intéressant le **domaine de compétence** de l'entreprise, afin d'ouvrir l'esprit, de **motiver** les salariés et de favoriser la **communication** à l'intérieur de l'entreprise. ; **6.** a (en apportant des éléments de réflexion nouveau), c (en justifiant ce qui est dit dans le document déclencheur) ; **7.** 1 F – 2 E – 3 D -4 H – 5 B – 6 A – 7 G – 8 I – 9 L – 10 K – 11 C – 12 J ; **8.** 1. a) Ma première réponse est... b) le deuxième point que je voudrais aborder... – 2. a) ainsi b) donc – 3. a) Je vous donne un exemple b) allons plus loin – 4. mais alors une autre question se pose... voilà un sujet à débattre – 5. tout simplement, peut-être

3 1. Ce document est **tiré d'**un site Internet, *20 minutes*, et l'article a été écrit par Christophe Séfrin, le 11 février 2008. Il **traite** un sujet économique **concernant** la consommation des Français **en matière d'**équipement électronique et il **explique** que **malgré** la baisse du pouvoir d'achat, ce secteur n'est pas en crise. **Bien que** les Français n'aient pas beaucoup d'argent à dépenser, des études **montrent qu'**ils achètent **de nombreux** produits électroniques : les écrans télé sont toujours en tête, **suivis par** l'électronique mobile, et les produits dérivés. **En outre** les évolutions sont très rapides, et **incitent** les gens à suivre la mode. ; **2.** 1. b – 2. a – 3. a – 4. b – 5. b – 6. b – 7. a – 8. b – 9. a – 10. a – 11. b – 12. b ; **3.** 1. b – 2. b – 3. a – 4. a – 5. b – 6. c – 7. c

4 Production libre.

DÉVELOPPEZ vos compétences

COMPRÉHENSION DE L'ORAL p. 52

1 1. 1. Nouvelle 1 : société et culture. Nouvelle 2 : société. Nouvelle 3 : culture. – 2. b – 3. b – 4. c ; **2.** 1. a – 2. b – 3. a – 4. c – 5. b – 6. le défilé de la biennale de la danse ; **3.** 1. b, d et f – 2. la coordination de l'association – 3. tous les deux ans (= bien-

148

nale) ; **4**. 1. l'inauguration des Vélib' à Paris – 2. le Tour de France – 3. deux ans auparavant – 4. b, nombre d'abonnés : plus de 60 000, augmentation de 75 % du trafic – 5. b Les États-Unis aussi (Washington) sont venus observer l'expérience. ; **5**. 1. le vélo – 2. Les vélos sont mis à la disposition des habitants qui se sont abonnés. Ils se trouvent dans 250 stations et peuvent être empruntés. ; **6**. 1. a – 2. b – 3. sept soirées ; **7**. 1. dans le centre-ville de Lyon – 2. b – 3. *Hamlet* et *Didon et Énée*

2 1. 1. l'écologie, le développement durable, les biogaz – 2. c – 3. b ; **2**. 1. a – 2. a, c et d – 3. les transports au biogaz – 4. tri des déchets organiques par les particuliers ou les restaurants – 5. c ; **3**. 1. c – 2. 15 000 mégawats – 3. d (« c'est génial »)

3 1. 1. les problèmes des aveugles et malvoyants – 2. a – 3. a – 4. c ; **2**. 1. c, d et f – 2. a : c'est l'heure du petit déjeuner et la radio annonce qu'il est huit heures et demie. – 3. c – 4. des études de droit privé – 5. b – 6. a et d – 7. 5e étage – 8. b (sans ascenseur) – 9. b – 10. b – 11. b – 12. a – 13. b – 14. étiqueter les boîtes – 15. Elle n'a pas beaucoup de boîtes d'une part et elle reconnaît les paquets de surgelés (quiche ou poêlée). – 16. Elle arrive à repasser ; parfois elle se brûle, mais ce n'est pas grave. ; **3**. 1. La journaliste sait que Linda doit partir au travail et ne veut pas la retarder. 2. c – 3. a. savoir si c'est bien mis – b. si ça ne coule pas – c. si les deux yeux sont maquillés de la même façon. – 4. « Je suis plus produits frais que conserves. » – 5. a. écouter la radio – b. écouter un disque – c. écouter un livre audio (bouquiner = écouter la lecture enregistrée des œuvres littéraires)

4 1. 1. Vivien est étudiant. – 2. Il est à Venise en Italie. – 3. Il y a fait un stage. – 4. L'Interview se passe à la fin de son stage, il va rentrer en France. ; **2**. 1. c – 2. parce que c'est prévu dans le cadre de ses études et cela équivaut à un an d'études. – 3. a, b et d – 4. c, d et e – 5. Elle est hebdomadaire et il y a un petit public. Les films sont contemporains. – 6. b – 7. Les jeunes avec qui il loge sont piémontais. Ils ont des amis de la région. – 8. c – 9. Un étudiant de la même école le remplacera. – 10. a – 11. Il ne souhaite pas aller dans un pays non européen. – 12. a. un autre stage – b. une année d'université (master) ; **3**. 1. aura – 2. la Délégation culturelle de l'Ambassade de France – 3. Non, il dit : « ce n'est pas tout grâce à moi et il cite ceux qui ont travaillé avec lui. – 4. « ça fait boule de neige » – 5. « je suis très attaché à l'Europe »

5 1. 1. c – 2. c – 3. a – 4. c ; **2**. 1. a – 2. a – 3. b – 4. b – 5. b et c – 6. un paradis – 7. c ; **3**. 1. b. Elle dit « une vision assez optimiste de toute l'œuvre de MCB, <u>même</u> celle des débuts ». Cela suggère que l'œuvre du début n'est pas généralement considérée comme optimiste. – 2. la liberté d'écriture – 3. mettre à feu et à sang – 4. b – 5. Sa vision sera « durement perçue ». – 6. a. le racisme – b. le sexisme – c. la cruauté envers enfants ou animaux – 7. En faisant vivre dans ses romans des personnages positifs, qui travaillent pour la justice et dénoncent ce qui ne va pas.

6 1. 1. a – 2. b – 3. b – 4. b – 5. b, d et g ; **2**. 1. c – 2. a. changement rapide dans les métiers – b. explosion des sciences – c. évolution des mœurs – 3. a – 4. « utopie » – 5. tout ce qui concerne les pratiques du rugby – 6. b – 7. c – 8. 1a, 2a, 3b – 9. les ministères – 10. a. le grec – b. le latin – c. l'arabe – d. le français – e. l'anglais – 11. c ; **3**. 1. « Encore chevaliers, déjà écolos » – 2. à la Bible – 3. en 1954 – 4. Ils enseignent des choses qu'ils n'ont pas apprises au cours de leurs études. – 5. les ferrailleurs – 6. dans l'informatique – 7. le rugby – 8. b – 9. la langue de communication pour les échanges scientifiques (l'esperanto en réalité est une langue artificielle dont la vocation précisément devrait être celle de permettre à tous de parler la même langue). Ici le mot « esperanto » est utilisé métaphoriquement. – 10. résurrection – 11. Légitimation, officialisation d'un mot (de même qu'un chevalier est adoubé par un seigneur et devient légitimement à son tour chevalier) – 12. Il est discret car les créateurs de mots du dictionnaire ne laissent pas leur nom à leur « œuvre ».

COMPRÉHENSION DES ÉCRITS   p. 66

1 1. 1. L'article est tiré du journal *Témoignages* de la Réunion. – 2. Il est signé par Edith Poulbassia, journaliste. C'est important parce qu'elle s'implique en tant que Réunionnaise dans l'article (« notre région »), même si elle présente les faits de façon objective. – 3. La Réunion se trouve dans l'océan Indien (c'est un département français d'Outremer). – 4. L'article parle du changement climatique et du fait que la situation géographique de la Réunion sous les Tropiques est importante pour la recherche scientifique. ; **2**. 1. b – 2. a – 3. c ; **3**. 1. b – 2. *Le LACy (Laboratoire sur le cyclone) est arrivé à un degré de maturité… qui permettait d'organiser un symposium de ce genre à la Réunion* (l. 24-25). ; **4**. 1er § c – 2e § b – 3e § d – 4e § a ; **5**. 1. a – 2. c – 3. a ; **6**. 1. *un maillon essentiel* (titre) – 2. *au sein de* (l. 9-10) – 3. *en partenariat avec* (l. 22) – 4. *de ce genre* (l. 25) – 5. *à la clôture de* (l. 30) – 6. *prendre en charge* (l. 31) – 7. *un outil* (l. 37) ; **7**. 1. réunion de spécialistes d'un sujet – 2. centre de recherches scientifiques – 3. lieu équipé pour l'observation des phénomènes atmosphériques ; **8**. 1. Vrai (*Les îles tropicales sont particulièrement vulnérables.*) – 2. Faux (*Cela a été fait pour des raisons économiques qui intéressent les régions tempérées.*) – 3. Vrai (*La Réunion est particulièrement en avance dans le domaine des énergies renouvelables.*) – 4. Vrai (*une trentaine de chercheurs travaillent dans ce laboratoire en partenariat avec… 6 laboratoires de l'océan indien.*) ; **9**. 1. Les conséquences concrètes du réchauffement du climat sur la terre. – 2. Organiser les sujets de recherches et faire un programme de travail. ; **10**. 1. C'est au niveau des tropiques que se situe le moteur de la circulation atmosphérique. – 2. Le LACy a déjà effectué de nombreuses recherches, gère plusieurs groupes de recherches depuis plus de 15 ans. – 3. l'étude du rôle de l'eau dans le réchauffement climatique ; **11**. 1. b – 2. La journaliste, même si elle est objective, essaie de susciter une certaine satisfaction de voir la Réunion impliquée dans des recherches internationales.

CORRIGES

2 1. 1. Le texte est tiré de la revue *Sciences Humaines* de juillet 2007. Il s'agit d'un mensuel thématique de divulgation. – 2. mise en scène-médias/intimité-parole intime; **2.** 1. a, c – 2. b; **3.** 1. b – 2. a; **4.** 1er §: Exemple 1: *Loft story, premier exemple de reality show* – Idée générale: *Or, ce phénomène est le signe d'une transformation des valeurs.* / Exemple 2: *la même chose se passe avec Internet (blogs, forums, messageries, sites de rencontres, SMS* – 2e §: Question à laquelle répondra le début du § suivant: *Qui a-t-il derrière cette explosion de la communication intime ?*– 3e§: Réponse générique donnée: *mouvement de sentimentalisation qui va de pair avec l'économie de marché* – 4e §: 1re conséquence dans le domaine personnel: *la réalisation de soi permet aussi à l'homme de trouver sa place dans la société* – 5e §: 2e conséquence dans le domaine du travail: *les entreprises font attention à la motivation de leurs salariés. Le travail sur la qualité de la communication devient important pour que l'entreprise marche bien.* – 6e §: 3e conséquence pour les femmes: *Les femmes sont plus libres.*; **5.** Émission de télévision du genre de la première émission de ce type, Loft Story où l'on «fait étalage de l'intimité individuelle ou familiale».; **6.** L'expression «mise en scène» évoque un spectacle, «Intimité» le sujet de ce spectacle qui est la vie intime des gens. Le titre souligne le fait que les émissions qui disent montrer la réalité (reality show) proposent en réalité une «mise en scène», une représentation travaillée.; **7.** 1. *étalage de l'intimité individuelle ou familiale* (l. 10-11) – 2. *la communication intime* (l. 29) – 3. *mise en public de l'intimité* (l. 30); **8.** 1. Formule de mathématique servant à poser une donnée: *prenons comme exemple le souvenir de l'émission Loft Story* – 2. Un genre de télévision sur lequel tout le monde n'est pas d'accord. – 3. Ce qui se passe à la télévision est un signe superficiel des changements plus profonds qui expliquent le phénomène (L'écume est ce qui est à la surface d'un liquide). – 4. Sens figuré du mot «explosion»: les formes de communication intime ont augmenté de façon spectaculaire. – 5. Cherche à expliquer l'évolution du phénomène au cours du temps en remontant aux origines. – 6. L'entreprise fait en sorte de prévoir les conflits et ainsi de tenter de les éviter.; **9.** 1. Vrai (*genre devenu banal*, l. 6) – 2. Vrai (*genre médiatique prolifique pratiquant légitimement l'étalage de l'intimité*, l. 8) – 3. Faux (*transformation plus profonde des valeurs*, l. 13) – 4. Vrai (*ils servent bien souvent à confier son état du moment*, l. 27) – 5. Faux (*loin d'être un mouvement spontané*, l. 31) – 6. Faux (*L'expression des sentiments intimes et leur mise en parole sont devenus l'outil universel de la réalisation de soi*, l. 48) – 7. Vrai (*Les milieux du travail influencés par les résultats positifs de l'École des relations humaines*, l. 56) – 8. Faux (*a amené les femmes à conjuguer l'autonomie personnelle avec la sollicitude maternelle*, l. 75); **10.** 1. Les rapports sociaux deviennent plus perméables aux sentiments de l'individu, dans trois domaines: le domaine individuel, le travail, les femmes. – 2. Sur l'épanouissement personnel. – 3. Cela permet d'éviter les conflits qui nuisent à la productivité de l'entreprise (implicite) et cela permet une meilleure coopération et donc toujours de meilleurs résultats pour l'entreprise. – 4. Les femmes traditionnellement soumises ont profité de cette ouverture qui leur a permis de s'exprimer plus librement.; **11.** 1. La journaliste cite des experts, garants de la démonstration: la sociologue Dominique Mehl, et la philosophe Eva Illouz. – 2. Le texte est présentatif en ce sens que la journaliste ne défend pas une thèse personnelle. Mais il est argumentatif, en ce sens qu'elle présente la thèse développée par plusieurs experts qui proposent une explication à des comportements observables aujourd'hui, à savoir le succès des émissions ou sites pour parler de soi.

3 1. La photo représente un skieur qui s'élance du portillon de départ de la course. Celui qui doit affronter une descente, d'après le titre, éprouve de la peur.; **2.** 1. Le texte parle du champion olympique de ski Antoine Dénériaz. – 2. Il s'est «retiré» (mais on ne sait pas encore de quoi). – 3. C'est le phénomène de la peur qui est découvert. – 4. L'article va présenter des «témoignages».; **3.** 1. Le skieur Antoine Dénériaz a renoncé à la compétition. – 2. Il avait déjà fait une chute dangereuse en Suède et, depuis, la peur de retomber ne l'a plus quitté. – 3. Cette peur est compréhensible. Tous les skieurs la «refoulent», c'est-à-dire l'éprouvent sans le dire. Collombin précise: «je comprends tellement bien».; **4.** Ordre des séquences: 1 E – 2 B – 3 D – 4 G – 5 F – 6 A – 7 C; **5.** 1. Le Cirque blanc désigne les montagnes enneigées. Les casse-cou sont les skieurs qui prennent beaucoup de risques et pourraient se faire très mal. – 2. On fait la révérence pour saluer quand on s'en va. *Tirer sa révérence* est donc une expression figée imagée synonyme de «se retirer», «quitter». – 3. Expressions imagées qui désignent les skieurs. «Funambules» car ils glissent sur les «flocons» de neige comme les funambules sur leur fil; on a la même impression de légèreté. – 4. La métaphore du «funambule» est filée, c'est-à-dire qu'elle continue avec l'emploi du mot *fil*. Ici le fil qui casse évoque le moment où le skieur a un accident. – 5. L'importune désigne «la peur», qui est ainsi personnifiée. Elle est un personnage qui dérange. – 6. On ne réfléchit plus à rien, comme les bêtes, et on se lance. Cette absence d'évaluation critique rapproche le skieur de la bête qui agit avant tout, qui «fonce».; **6.** 1. Je ne veux plus risquer de perdre ma vie. – 2. Je ne supporte plus (cette angoisse) – 3. le terrible accident (en sortant de piste) qu'il a eu en Suède. – 4. Accepter de parler de choses dont on ne parle jamais d'ordinaire. – 5. Il buvait une bonne quantité de vin blanc. – 6. Devant les autres skieurs (qui sont comme lui). – 7. Il faut rester calme et mettre toute son énergie pour descendre.; **7.** *se marrer* (l. 17) et *rigoler* (l. 18); **8.** 1. c – 2. a et d; **9.** 1. Vrai («deux accidents sur la bosse qui porte son nom» et «j'ai connu un blocage psychologique») – 2. Vrai («Ils finissent par reconnaître l'indicible une fois leur carrière terminée.») – 3. Faux («Il demande ce qui s'est passé dans les pubs la veille» (donc il n'y va pas)) – 4. Faux («des idées de mort lui ont traversé la tête») – 5. Vrai («l'adrénaline est le moteur du descendeur») – 6. Faux («tu es seul face à tes responsabilités »); **10.** Le « tabou » était de ne pas parler de sa propre angoisse. En se retirant au faîte de sa carrière, Dénériaz a osé parler très tôt. ; **11.** Le chapeau annonçait des témoignages. Le style direct permet de rapporter ces témoignages. Le journaliste entend présenter une situation objective, telle qu'elle est vécue par les skieurs. Ce faisant il donne de la crédibilité à son reportage.

❹ 1. 1. Le texte a été publié dans une revue *Le Débat* et figure sur le site officiel diplomatique du gouvernement français (gouv.fr). – **2.** Le titre général « les chances du français » permet de comprendre que le texte parlera de la langue française et probablement des chances que cette langue a au niveau mondial. – **3.** L'auteur est un historien, membre de l'Académie française, la plus prestigieuse de France, qui traditionnellement s'occupe de langue puisqu'elle rédige un dictionnaire. Il s'adresse à tous les Français, fiers de « leur langue », et s'inclut dans le groupe en disant « notre ». ; **2. 1.** b – **2.** b ; **3. 1.** Faux (« le français ne se trouve pas dans la situation alarmante que certains dénoncent ») – **2.** Vrai (les francophones sont dispersés sur différents continents) – **3.** Faux (Il réagit avec vigueur.) ; **4. 1.** l. 1 à 5 – **2.** l. 6 à 12 – **3.** l. 12 à 13 – **4.** l. 14 à 16 – **5.** l. 16 à 22 – **6.** l. 23 à 38 – **7.** l. 38 à 44 ; **5. 1.** a – **2.** b ; **6. 1.** ceux qui ont le français comme langue maternelle et/ou le parlent parfaitement – **2.** ceux qui sont amenés à utiliser le français (langue seconde, ou langue de travail) et le parlent bien – **3.** ceux qui font des études de français ; **7. 1.** La qualité du français d'être langue internationale provient de l'histoire de la France (et notamment des colonies). Cette histoire a « modelé », donné des traits particuliers à l'usage du français. – **2.** Comme du ciment qui permet d'unir des partis de façon très solide, le français, langue commune, permet d'unir des peuples très différents qui ont cette même langue en partage. – **3.** Le maillage évoque les mailles d'un filet, sa façon d'être tissé. Cette image est utilisée pour donner l'idée d'un réseau de groupes francophones différents. ; **8.** Les gens qui utilisent le français pour parler ou pour écrire (et pas seulement les francophones) témoignent d'une connaissance de la langue française supérieure à celle que l'on observe dans d'autres langues. ; **9. 1.** plus facile – **2.** plus adapté au monde de l'économie, car c'est une langue plus rapide et plus communicative pour les échanges. – **10. 1.** Vrai (« Le français ne correspond-il pas à un moment dépassé de la civilisation. ») – **2.** Vrai (« La francophonie désigne à la fois le fait de parler le français, l'ensemble de ceux qui le parlent, les institutions... ») – **3.** Faux (« pas assez généreux de la part de la France ») – **4.** Faux (« Il est en voie d'expansion numérique ») ; **11.** Souvent les langues peu usitées sont d'abord traduites en français, puis la traduction française est ensuite traduite dans d'autres langues. ; **12. 1.** a – **2.** c ; **13.** L'auteur cite des références françaises (Boileau, Rivarol), évoque des épisodes de l'histoire de France (la Révolution, les droits de l'homme), évoque le réseau de coopération de la France.

PRODUCTION ÉCRITE p. 86

❶ 1. 1. Vous en tant qu'adulte ? en tant que parent ? en tant que citoyen ? – **2.** la communauté des utilisateurs de ce forum – **3.** jeux vidéo, télévision, journaux et leur influence sur la violence des jeunes ; **2.** les jeux vidéo *ultra-violents* : est-ce que tous les jeux vidéo le sont ? tous de la même manière ? – la *mode* : est-ce une mode comme les autres ? comme la mode vestimentaire ? est-ce seulement passager ? ; **3.** poster un message *détaillé*, expliquer votre *opinion*. ; **4.** Mathias82 : a – Julie2006 : d ; **5. a)** Selon certains utilisateurs, les jeux permettent de « se défouler », de faire sortir l'agressivité que chacun a en soi. – **b)** Les jeunes peuvent être influencés à commettre des violences sur leurs camarades de classe, on a vu ce phénomène plusieurs fois dans l'actualité mondiale. – **c)** Dans certains jeux, les décors et les personnages sont vraiment faits de manière artistique, demandant parfois des années de travail. – **d)** Pourquoi ces beaux graphismes ne pourraient-ils pas s'appliquer à des situations plus enrichissantes et moins violentes ? – **e)** Il est possible que les enfants soient laissés sans surveillance et jouent à des jeux qui ne sont pas de leur âge. – **f)** Ainsi, les jeux en « caméra subjective » (exemple DOOM) développent des réflexes de vitesse. – **g)** L'enfermement et l'immobilité provoquent l'obésité et risquent de rendre le jeune asocial. ; **6.** 1 F – 2 B – 3 D – 4 C – 5 A – 6 E

> Bonjour,
> Les jeux vidéo ultra-violents sont un phénomène de mode qu'il est important d'analyser. Sont-ils responsables de la violence ou reflètent-ils seulement notre monde actuel ?
> **Certains** prétendent que les jeux vidéo peuvent avoir des effets bénéfiques. Ils favoriseraient le développement de l'intelligence et des réflexes (avec des activités sur la résolution d'énigme ou la vitesse de réaction). Le jeu permettrait **en outre** aux joueurs de se défouler et d'exprimer l'agressivité qu'ils ressentent. **D'autres** louent avant tout leur graphisme recherché. Ces jeux sont **en effet** très attractifs visuellement. Le jeu « Guerre Finale » recrée **par exemple** l'univers de la guerre de façon très impressionnante.
> **Cependant**, ces quelques qualités ne doivent pas faire perdre de vue les effets de ces jeux. La vision du monde qui y est représentée, aussi intéressante soit-elle, est faussée et dangereuse. La plupart de ces jeux ne montrent que des relations violentes, de domination, de destruction. Il s'agit **par exemple** d'exterminer tous ses ennemis. Ces jeux rendent la violence à la mode. Or les jeunes ne font pas toujours la part des choses entre le monde virtuel et leur monde réel.
> **En outre**, c'est autant de temps qu'ils n'utilisent pas pour faire des choses plus constructives, telles que des activités culturelles ou sportives. **Or**, ces activités sont bien plus importantes pour développer la socialisation de l'enfant, sa créativité, etc. La conséquence directe la plus facilement observable est certainement l'obésité qui touche nos sociétés aujourd'hui. Bien qu'elle ait
> ___/...

---/...

également d'autres origines, le manque de dépense physique la favorise clairement.
Selon moi, non seulement les jeux ultra-violents, mais également tous les jeux vidéo en général sont plus néfastes que bénéfiques. L'homme devrait se passer de certaines de ses inventions et réapprendre à vivre simplement.
Espérant vous avoir convaincus, j'attends vos réactions sur ce forum.
Au plaisir de vous lire !

Anatoly Kabacoff

2 1. 1. un lecteur du journal. Vous vous présentez au début de la lettre et dites par exemple si vous êtes lecteur occasionnel, régulier, depuis combien de temps... Vous pouvez éventuellement donner votre âge et votre profession si cela est pertinent. – 2. directement le journal, sa rédaction, mais aussi indirectement tous les lecteurs du journal – 3. choqué, indigné. Attention, vous n'écrivez cependant pas à l'entreprise en cause. Il s'agit de faire adhérer la rédaction du journal et les autres lecteurs. ; **2.** 1. entreprise, choquant, catastrophe écologique – 2. partager votre indignation, proposer des pistes d'action ; **3.** Plusieurs réponses possibles :

Type d'entreprise	Problèmes environnementaux
2. Groupe pétrolier	Marée noire
3. Mines dans une zone protégée	Destruction de la faune (les animaux) et de la flore (la végétation) ; Pollution de l'eau et du sol
4. Entreprise de meubles	Déboisement, destruction de la forêt
5. Centrale nucléaire	Risques d'accidents Réchauffement des rivières
6. Industrie textile	Utilisation excessive de l'eau et des pesticides, sécheresse

4.

Madame, Monsieur,
Je me permets de vous écrire suite au reportage publié la semaine dernière. J'ai en effet été extrêmement **choqué(e)** de constater la catastrophe écologique produite en toute impunité par la société mentionnée dans votre article. Le procédé employé par cette entreprise est absolument **inacceptable**. Nous ne pouvons pas tolérer que cette entreprise mette à ce point en péril l'équilibre des écosystèmes et **condamne** des régions entières pour les générations à venir.
Je **suggère** de boycotter tous les produits provenant de cette entreprise. Il est en effet de la responsabilité de chaque citoyen de se renseigner sur l'origine des biens qu'il consomme.

---/...

---/...

Il faudrait en outre **se mobiliser** pour organiser des campagnes d'information et des manifestations qui **dénoncent** ces pratiques auprès du grand public qui trop souvent **ignore** les conséquences de tels agissements. Personne ne peut être **indifférent** à **cette catastrophe** qui nous touche tous ! Il faut par conséquent alerter l'opinion publique de **ce scandale**.
Enfin, chacun d'entre nous devrait écrire personnellement une lettre aux dirigeants de cette entreprise afin de bien leur montrer l'attention que nous portons à ce problème. Je **suis persuadé(e)** qu'une action de grande ampleur permettrait d'influencer les décideurs politiques.

3 1. 1. vous travaillez dans une entreprise francophone. Imaginez-la : une compagnie d'import-export ? une boulangerie ? un centre de langues ? – 2. secrétaire ? manager ? responsable des ventes ? Vous devez indiquer l'expéditeur (Nom, Prénom, adresse, téléphone, mail) en haut à gauche de votre lettre puis dans votre signature en bas. – 3. votre directeur, donc supérieur hiérarchique. Faites attention au ton et au registre ! – 4. Il s'agit de se plaindre mais vous devez garder un ton rationnel et respectueux. Vous devez aussi prendre en compte les nécessités et les contraintes de l'entreprise... ; **2.** 1. entreprise, collègue en congé maternité, remplacement, charge de travail – 2. vous écrivez... en expliquant... vous rappelez... Vous lui faites part de vos inquiétudes... Et vous proposez... ; **3.** Plan : 1. rappeler la situation, vos fonctions dans l'entreprise ; 2. dire ce qui ne va pas ; 3. proposer des solutions ; **4.** 1. présent ; 2. imparfait, passé composé, présent, futur ; 3. futur, conditionnel, subjonctif ; **5.**

Ce qui ne va pas	Ce que vous proposez
Vous avez trop de travail et vous êtes stressé(e).	Vous acceptez d'augmenter votre charge de travail de trois heures par semaine mais pas plus.
Les dossiers urgents vont prendre du retard et les clients ne seront pas satisfaits.	On pourrait demander au responsable clientèle de s'occuper des clients urgents.
Les autres personnes du service seront aussi surchargées.	On pourrait prendre un stagiaire.
Il y a un stagiaire mais il est trop jeune et il ne connaît pas bien les dossiers.	Il faudrait prendre au moins une personne à mi-temps.

6. 1 G – 2 C – 3 E – 4 H – 5 A – 6 D – 7 F – 8 I – 9 B

Objet : remplacement du congé maternité de Mme Batista.

Québec, le 15/05/09

---/...

.../...

Monsieur le Directeur,
Je me permets de vous écrire **afin de** vous faire part de la situation préoccupante dans notre service et des dangers qui en résultent... Je travaille **en effet** au service des commandes où j'effectue les envois de colis aux clients. Ma collègue, Mme Batista, étant partie en congé maternité, je dois **à présent** gérer deux fois plus de commandes. Il me semble irréaliste de supporter seul ma charge de travail actuelle ainsi que celle de ma collègue. **En outre**, tous les autres collègues du service étant déjà surchargés, il m'est impossible de leur déléguer une partie du travail qu'elle effectuait. Il est certain que cet état de fait aura à terme un certain nombre de conséquences négatives sur l'ensemble de l'entreprise. **Ainsi**, les clients ne seront plus livrés dans les délais annoncés et certains colis emballés trop rapidement arriveront cassés, (l'espace manquera dans nos stocks à cause de la marchandise en attente). Ces désagréments terniront rapidement l'image de notre entreprise. J'ai cru comprendre que le budget actuel ne permettait pas d'embaucher une personne pendant la totalité du congé maternité de Mme Batista. Mais **peut-être** serait-il possible de prendre un ou plusieurs stagiaires. Bien qu'un stagiaire ne puisse totalement la remplacer, cette solution permettrait **cependant** de faire face provisoirement.
Espérant que ma requête retiendra votre attention pour le bien de tous, je vous prie d'agréer, Monsieur, l'expression de mes salutations distinguées.

4 **1.** 1. un parent soucieux – 2. le professeur de français de votre enfant – 3. la conception de l'éducation, du rôle de l'enseignant, de l'apprentissage des langues.; **2.** Plan : 1. présenter les faits ; 2. donner votre avis de façon claire mais diplomatique, en expliquant votre façon d'envisager l'éducation et en particulier l'apprentissage d'une L.E. – 3. proposer un rendez-vous (et éventuellement exposer les conséquences s'il refuse de coopérer). ; **3.** 1. passé ou présent ; 2. présent ; 3. futur ou conditionnel ; **4.** 1re partie de la lettre = présenter les faits : *Mon fils m'a dit que, Je m'étonne que, Je suis scandalisé(e) par le fait que, Il me semble bizarre que* – 2e partie de la lettre = donner son avis : *À mon avis, Selon moi, Je ne crois pas que, D'après moi* ; **5.** Réponse libre ; **6.** a) Ma fille m'a dit que vous lui aviez répété qu'elle n'y arriverait jamais et qu'elle était découragée. b) Elle a souligné que selon vous, elle n'y arriverait jamais, et qu'elle était donc découragée. – c) Ma fille m'a dit que vous ne lui donniez jamais la parole. – d) Elle m'a signalé que vous ne lui donniez jamais la parole. – e) Ma fille m'a dit que vous lui donniez toujours des punitions alors qu'elle était sage. – f) Elle m'a également répété que vous lui donniez toujours des punitions alors qu'elle était sage. – g) Ma fille m'a dit qu'elle ne voulait plus faire de français. – h) Et enfin, elle m'a confié qu'elle ne voulait plus faire de français. ; **7.** 1 g – 2 e – 3 a – 4 f – 5 c – 6 b – 7 d ; **8.** N° 1 : c – N°2 : a – N°3 : b ; **9.** Proposition de corrigé :

Mme Jacqueline DUPONT
8 rue du Moulin, 75001 PARIS.
À l'attention de M. DUFOUR
Professeur de français
Collège des Trois Chemins,
75002 PARIS

Paris, le 12 juin 2008

Monsieur,
Je me permets de vous écrire au sujet de ma fille Amélie.
Elle m'a raconté que vous ne lui donniez jamais la parole, et que quand elle essayait de parler en français, vous la découragiez en lui disant que son accent est terrible. Elle ajoute que vous lui donnez souvent des punitions et des devoirs supplémentaires alors qu'elle est déjà surchargée de travail dans les autres matières, et qu'elle fait tous ses devoirs de français avec application. Certes, il est possible que ma fille exagère certains faits ou qu'elle caricature votre attitude, mais elle semble réellement découragée et elle souhaite à présent arrêter d'étudier le français.
Il me semble curieux que l'apprentissage de la langue et de la culture françaises soit si désagréable pour une enfant de 12 ans. Je comprends très bien que ma fille puisse parfois être bavarde ou inattentive mais cela n'est pas une raison pour l'empêcher totalement de s'exprimer. Un cours de langue vivante devrait, selon moi, être un lieu d'expression et de créativité. Je conviens de la difficulté, pour l'enseignant, de s'adapter à chaque élève. Cependant, je pense qu'il faut savoir être à l'écoute des difficultés, et qu'une attitude trop sévère est inutile. Une ambiance détendue est nécessaire pour l'apprentissage d'une langue.
Je souhaiterais donc vous rencontrer au plus vite, dans la limite de vos disponibilités bien sûr, pour discuter de ce problème. Dans l'attente de votre réponse, je vous prie d'agréer, Monsieur, mes salutations distinguées.

Jacqueline DUPONT

(272 mots)

5 **1.** 1. un jeune motivé pour partir travailler comme volontaire francophone dans un autre pays. – 2. on ne sait pas précisément à qui on écrit (les responsables de ce programme, les recruteurs...) Dans le doute, on écrit « *Madame, Monsieur* ». – 3. convaincre que vous avez toutes les qualités requises pour occuper ces fonctions. Votre profil (expériences, qualités) doit correspondre au poste demandé. ; **2.** Réponse libre ; **3.** Réponse libre ; **4.** a et d ; **5.** 1. Après un parcours diversifié dans le domaine du développement culturel et une expérience d'enseignement, je souhaiterais à présent prendre des responsabilités comme chef de projet. – 2. Ayant coordonné des séminaires de management et étant à l'heure actuelle responsable de clientèle, j'ai développé de bonnes capacités relationnelles.– 3. Formateur pour adultes depuis 2 ans, j'ai aussi été pendant 3 ans animateur pour les enfants d'écoles primaire et maternelle. − 4. Dynamique et motivé, je montrerai toutes mes capacités dans le cadre d'un travail à l'étranger. ; **6.** A : 1, 3, 6 − B : 2, 4, 5 ; **7.** 1. Je possède de solides connaissances − 2. J'ai développé de bonnes capacités − 3. ce qui me permet de − 4. Je maîtrise − 5. Je suis capable de ; **8.** Proposition de corrigé :

M. Pascal BOULET
12, avenue des Champs-Élysées
75008 PARIS − France

Organisation Internationale
de la Francophonie (OIF)
Service du Volontariat Francophone

Paris, le 12 juin 2008

Objet : candidature à un poste d'assistant de projets culturels à Madagascar.

Madame, Monsieur,

Ayant pris connaissance de l'annonce pour le poste d'assistant de projets culturels à Madagascar parue sur votre site, je me permets de vous écrire afin de vous soumettre ma candidature.
Titulaire d'un double diplôme en Histoire de l'Art et en Graphisme, je pense avoir toutes les qualités requises pour occuper ce poste.
D'une part, je connais bien l'art en général: même si mon cursus universitaire a été axé sur les arts plastiques et graphiques, je me suis intéressé également au théâtre, à la danse, et aux arts de la scène en général. J'ai notamment effectué un stage au Liban, au cours duquel j'ai organisé un festival francophone de cirque et de spectacles de rue.
D'autre part, j'ai fait différents stages à l'étranger, où j'ai acquis de solides compétences en gestion des projets culturels : je maîtrise donc les aspects managériaux et financiers du domaine, et j'ai développé de bonnes capacités d'organisation et de planification.
Je suis aussi capable de m'adapter à un nouveau contexte géographique et culturel, car j'ai beaucoup voyagé en Afrique francophone. Madagascar est un pays qui m'attire tout particulièrement, et je souhaite aujourd'hui développer les échanges entre ce pays et le mien.
Je désire mettre ma motivation et mon dynamisme au service du Volontariat Francophone, en tant que bénévole. C'est pourquoi je me permets de joindre à cette lettre mon CV, et de solliciter un entretien pour vous convaincre de mes qualités.
Dans l'attente de votre réponse, je vous prie d'agréer, Madame, Monsieur, l'expression de mes salutations distinguées.

Pascal BOULET

(266 mots)

6 **1.** 1. un habitant de la ville, mais attention, vous écrivez au nom d'autres citoyens réunis en association. Vous devez donc imaginer le nom et le projet d'une association (exemples : « Non à l'autoroute » ou « Association écologiste de la ville de XXX » ou encore « Citoyens de XXX unis pour le progrès », etc.) − 2. le maire (ton respectueux, lettre formelle) − 3. La construction de l'autoroute est déjà connue de vous et du destinataire, mais vous devez rappeler l'objet de votre lettre. Cf. encadré précédent: Suite à l'annonce...; **2.** Plan: 1. situation ; 2. arguments pour ; 3. arguments contre. ; **3.** POUR : arguments économiques : 1, 4, 6, 12 − sociaux : 4, 6, 8, 12 ; CONTRE : arguments économiques : 3, 7, 13 − esthétiques : 5, 9 − écologiques : 2, 5, 10 − sociaux : 4, 6, 8, 12 ; **4.** Réponse libre ; **5.** a, b, e ; **6.** 1re partie: Je n'ignore pas que − 2e partie: Certes, Il est vrai que − 3e partie: Nous sommes persuadés que, Il est faux de dire que, Toutes les études scientifiques tendent à prouver que ; **7.** 1 (S'il est vrai) d − 2 (Bien) f (tout de même) − 3 (Il est vrai) e (mais) − 4 (Certes) c (cependant) − 5 (Malgré) a − 6 (En dépit de) g − 7 (Nous n'ignorons pas) b (toutefois) ; **8.** 1 f − 2 e − 3 d − 4 b − 5 a − 6 c ; **9.** b ; **10.** Proposition de corrigé :

Mme Sylvie FERRAND, présidente
Association « Nature et culture à Ableiges »
15, rue des Fleurs
95440 ABLEIGES

À l'attention de Monsieur le Maire,
Mairie d'Ableiges
95440 ABLEIGES

Ableiges, le 12 juin 2008,

Monsieur le Maire,

Au nom de l'association « Nature et culture à Ableiges » je me permets de vous écrire au sujet du projet d'autoroute qui devrait bientôt passer dans notre commune. Selon notre association, ainsi que d'autres citoyens qui nous ont donné leur opinion, ce projet sera globalement néfaste à la vie locale.
Certes, une autoroute aurait des retombées positives sur l'économie de notre commune, et elle permettrait de la relier à deux grandes villes, ce qui améliorerait les échanges commerciaux.
Sur le plan touristique, nous n'ignorons pas que les visiteurs seraient certainement plus nombreux à venir visiter Ableiges pendant les prochaines années.
Mais il faut aussi penser aux conséquences à long terme d'un tel projet.
D'abord, une autoroute menacerait l'écosystème local. Le passage des voitures provoquerait une augmentation de la concentration en produits chimiques dans l'air, dans l'eau et dans le sol. Cela représenterait une catastrophe pour la végétation ainsi que pour les animaux.
En outre, la pollution sonore serait considérable, et notre village ne serait plus du tout tranquille. La qualité de vie se dégraderait rapidement.

―…/…―

---/...

Enfin, nous ne pourrions plus laisser nos enfants jouer aux alentours du village, car cela serait trop dangereux.

Par conséquent, les conséquences négatives de ce projet nous semblent plus importantes que ses avantages économiques. D'autant plus que notre village perdrait son charme, et qu'à long terme il ne représenterait plus aucun intérêt pour les touristes, attirés par la tranquillité, l'authenticité et la nature.

Nous vous prions donc de nous accorder un entretien pour discuter de solutions alternatives, et des possibilités qui existent pour attirer les commerces et le tourisme sans nuire à notre cadre de vie.

Espérant vous avoir convaincu de la légitimité de notre position et de la nécessité de réagir, je vous prie d'agréer, Monsieur le Maire, l'expression de ma considération distinguée.

Sylvie FERRAND

(303 mots)

PRODUCTION ORALE   p. 104

1 1. b – 2. l'adhésion des consommateurs aux services proposés. – les gadgets – Les raisons pour lesquelles une nouvelle technologie marche, est adoptée par les utilisateurs. – Les objets utiles ou inutiles. ; 3. Réponse libre ; 4. b ; 5. Réponse libre ; 6. Réponses libres ; 7. 1 F – 2 D – 3 C – 4 G – 5 A – 6 H – 7 B – 8 E ; 8. a) tout d'abord / ensuite / enfin – b) Dans une première partie / Dans une seconde partie / En conclusion ; 9. J'en viens à présent à la deuxième partie de mon exposé – Nous allons à présent voir – Venons-en maintenant à la question de ; 10. Plan comparatif : 2. Mais parfois elles sont absolument inutiles. – Plan dialectique : 1. Les technologies sont amusantes/divertissantes... / 3. Et d'ailleurs elles sont nuisibles pour la planète/ la santé. – Plan analytique a : 1. gadgets – 2. Les causes : la publicité, le marketing, le désir de se distinguer... / 3. Les conséquences – Plan analytique b : 3. Les solutions – Plan thématique : 3. ... et sur le plan environnemental/écologique ? ; 11. 12. 13. Réponses libres ; 14. 1. c. C. – 2. d. B – 3. e. F. – 4. c. E. – 5. a. A – 6. f. D

2 1. La télévision, les écrans en général (c'est-à-dire les supports informatiques et multimédias), les enfants, la privation, les activités alternatives. ; 2. Cette dépêche de l'Agence France Presse relate une expérience menée dans une école. Il s'agissait pour les élèves de réussir à passer 10 jours sans écran. Nous abusons en effet de la télévision et des autres écrans dans notre vie quotidienne et les jeunes générations sont particulièrement touchées. ; 3. Une action telle que celle qui est décrite dans ce texte a-t-elle oui ou non une répercussion importante ? Quelles actions est-il possible d'entreprendre pour éloigner les jeunes des écrans ? ; 4. les actions de divertissements qui remplacent intelligemment les heures devant l'écran (sport, culture, arts, autres jeux tels que les jeux de

société) mais aussi les actions d'éducation à l'image, à l'utilisation des nouveaux médias, etc. ; 5. Réponse libre ; 6. un plan analytique : les solutions au problème et leurs limites. 1. Les actions de divertissement – 2. Les actions d'éducation à l'image et aux médias. – 3. Cependant, il est presque impossible de supprimer totalement les écrans. Bien que ce soit une mode, la connaissance des nouveautés à la télévision, dans les jeux vidéo, etc., participe de la socialisation des jeunes par des références communes. Il y a le danger de marginaliser son enfant si on est trop strict. ; 7. 8. *Voir les propositions de corrigés enregistrées sur le CD.*

3 1. bien vieillir, solitude, isolement, amour des autres, réseau relationnel ; 2. Réponse libre ; 3. La solitude est-elle une fatalité quand on vieillit ? Peut-on bien vieillir ? Qu'est-ce qui fait la jeunesse ou la vieillesse d'une personne ? ; 4. 5. et 6. Proposition de plan comparatif :
1) Facteurs favorisant l'isolement : on perd ses proches (les veufs par exemple dans le document) ou on ne les voit plus car ils vieillissent également. On a des problèmes de santé qui empêchent de pleinement participer à la vie sociale (troubles de l'audition, déplacements difficiles, etc.). On est parfois déraciné et mis dans une maison de retraite ou un hôpital où l'on ne connait personne. Il faut ici souligner la différence entre la place des personnes âgées dans les pays occidentaux et dans le reste du monde. Les pays occidentaux ont en effet tendance à mettre les personnes âgées dans des maisons de retraite, car les familles n'ont pas le temps et les moyens de s'en occuper. Dans la plupart des pays du monde cependant, les personnes âgées restent vivre avec leur famille et il y a la plupart du temps quelqu'un au foyer. – 2) Facteurs favorisant la vie sociale : a) Cependant, la vieillesse se trouve aussi dans la tête des gens. Certains restent jeunes d'esprit toute leur vie, ils sont curieux, ouverts. D'autres sont « vieux dans leur tête » dès leur jeunesse. b) Beaucoup de personnes âgées profitent aussi maintenant pleinement de cet âge et sont très utiles à leur entourage (engagement dans une association, vie de famille, garde des petits-enfants...) – Conclusion : Si l'isolement n'est pas une fatalité, il est clair qu'un certain nombre de facteurs contribue à la solitude, comme nous l'avons vu. ; 7. *Réponse libre.*

PASSEZ L'EXAMEN **SUJET 1**

COMPRÉHENSION DE L'ORAL   p. 116

1 1. c ; 2. b ; 3. c ; 4. a ; 5. c ; 6. a

2 1. raquettes de tennis, textiles, verres, aciers, certains médicaments, béton, farine, rouge à lèvres, bouteille plastique, pare-choc d'une voiture ; 2. faux (c'est le premier) ; 3. les OGM et les nanotechnologies suscitent l'enthousiasme des scientifiques ; 4. b. cheveu ; 5. à un globule rouge ; 6. a ; 7. dans les gaz d'échappement, les nanoparticules sont en quelque sorte « naturelles », elles n'ont pas été fabriquées, elles existaient avant que la technologie n'existe. ; 8. 580 produits ; 9. parce que les fabricants ne le déclarent pas, il n'y a pas de transparence ; **10.** c ; **11.** b ; **12.** Elle s'adresse aux producteurs ou intégrateurs de nanoparticules et leur demande de s'identifier comme tels, pour qu'un dialogue puisse s'ouvrir. ; **13.** Certaines nanoparticules sont si petites qu'elles peuvent pénétrer dans les tissus, ou les organes, et interagir avec les cellules.

COMPRÉHENSION DES ÉCRITS p. 118

1 **1.** a. Vrai (ne concerne plus seulement les demandeurs d'emploi mais aussi les salariés) – b. Faux (C'est une démarche personnelle et volontaire.) – c. Vrai (L'employeur redoute qu'à l'issue du bilan, le salarié exprime des demandes qu'il ne pourrait pas satisfaire.) ; **2.** Frédérique se plaignait du fait de travailler seule, et de ne pas progresser. ; **3.** a et c ; **4.** Une personne faisant un bilan de compétences a des entretiens pendant 2 ou 3 mois, pour un total de 10 à 24 heures. Chaque séance dure entre 2 et 3 heures. Plus les exercices et recherches à faire à la maison. ; **5.** Un bilan de compétences peut échouer lorsqu'une personne pense avoir des compétences qu'en réalité elle ne possède pas. ; **6.** a. je n'avais pas envie d'aller au travail le matin – b. élaborer, concevoir, construire un nouveau projet – c. elle s'apprête à changer de travail pour améliorer sa carrière – d. une difficulté, un problème

2 **1.** c ; **2.** d ; **3.** c ; **4.** le droit de ne pas prolonger la vie avec des machines de personnes en coma profond ; **5.** b ; **6.** a ; **7.** b, c, d et f ; **8.** a. droit pour le patient de demander aux médecins de l'aider à mourir (par des médicaments ou l'arrêt de machines) – b. malade qui est dans le coma depuis longtemps et ne vit que parce qu'il est relié à une machine – c. un tel débat concerne d'une part toute la société, d'autre part, la nécessité de définir des lois qui reflètent la volonté des gens.

PRODUCTION ÉCRITE p. 123

La production écrite ne peut faire l'objet d'un corrigé personnalisé. Les textes qui suivent sont des exemples possibles.

Xville, le 30 mai 2008

Mme Jolivet
54 avenue de la Liberté
25000 Xville

À M. le Maire de Xville

Monsieur le Maire,

Après avoir envoyé plusieurs lettres à la Mairie à propos de l'aménagement de la place Vauban qui doit tenir compte de l'emplacement de l'école maternelle et primaire, j'ai assisté au conseil municipal du 28 mai dernier où la question était à l'ordre du jour, et je me suis alors aperçue qu'à aucun moment, il n'a été fait mention des lettres, pourtant nombreuses, envoyées par la population. Je me suis interrogée, et je me permets de

...../...

...../...

vous écrire et de vous faire une proposition concrète. Afin d'améliorer la qualité de la communication entre les habitants de la ville et leurs représentants élus, je propose que soit institué dans notre ville, comme cela existe dans les grandes villes, un conseil des habitants. Tous les habitants en seraient membres de fait et choisiraient chaque année deux représentants chargés de l'interface entre les conseillers municipaux et la population afin que les informations remontent de la base jusqu'à vous, et inversement que les projets en discussion soient immédiatement soumis à la population pour que la réflexion soit commune. Ceci serait extrêmement utile afin de faire prévaloir le bon sens pratique sur bon nombre de décisions, comme celle de l'accès à l'école primaire par exemple. Bien entendu, il faudrait envisager pour le fonctionnement du comité une subvention pour couvrir les frais de fonctionnement, ainsi que l'octroi d'une salle de réunion une fois par mois.
Confiante que vous serez attentif, dans un esprit de démocratie participative, aux idées venues de vos concitoyens, je vous prie d'agréer, M. le Maire, l'expression de ma très haute considération.

Mme Jolivet

PRODUCTION ORALE p. 124

La production orale ne peut faire l'objet d'un corrigé personnalisé. Les textes qui suivent sont des exemples possibles.

Sujet n° 1
Voir la proposition de corrigé enregistrée sur le CD.

Sujet n° 2
CANDIDAT – Bonjour Madame. Voici ma convocation.
PROFESSEUR – Bonjour Monsieur Schulz. Et bien, commençons ! Vous avez choisi quel sujet ?
C. – Celui sur les distributeurs.
P. – Le sujet vous a intéressé ?
C. – Oui parce que je suis du même avis que le patron de l'Agence Française pour la Sécurité alimentaire.
P. – De quoi s'agit-il exactement ?
C. – Ce passage est probablement le début d'un article tiré du *Point*. Il pose le problème de la présence de distributeurs automatiques de boissons ou d'aliments dans les établissements scolaires. Justement le Patron de l'Agence pour la Sécurité alimentaire dénonce la présence de ces distributeurs car les produits contiennent trop de sucre et, par conséquent, les enfants sont susceptibles ensuite de développer des maladies cardiaques, ou bien du diabète, ou tout simplement l'obésité. L'article présente ensuite l'opinion de Jean-Loup Bariller. On ne sait qui il est, mais on imagine qu'il vend des distributeurs. Il raisonne en termes économiques : on donne aux clients ce qu'ils désirent. Or, les enfants désirent des sucreries. Donc, la

conclusion – qui n'est pas dite – est évidente : on propose dans les distributeurs des sucreries.

Je crois que s'affrontent là deux attitudes radicalement opposées. La première – que je partage – consiste à privilégier avant tout un principe de base : la santé individuelle et publique. Cette position implique une alimentation saine, et donc un contrôle pour éviter de proposer une alimentation malsaine. Ce contrôle est exercé par l'État qui en interdisant les distributeurs évite pour les jeunes la tentation. La seconde privilégie un système économique, basé sur la demande et l'offre qui en découle. La responsabilité du choix de manger ou pas des aliments sucrés appartient à l'individu. C'est lui qui achète ou n'achète pas. Personne n'est obligé de fumer, comme personne n'est obligé de s'acheter des aliments mauvais pour la santé. Toutefois, à mon sens, cela exige de la part des gens non seulement une éducation mais une force de volonté incroyable, difficile à obtenir chez des ados : il faudra qu'ils sachent résister à la tentation personnelle, au désir d'imiter les autres, et enfin très souvent au conditionnement subtil de la publicité. Car toutes les pubs font croire que leurs produits sont sains même quand c'est faux. Donc ce sera beaucoup plus difficile de résister.

Mais comment faire alors pour manger sain à l'école à la récréation ? Car le problème est là. Les enfants du primaire apportent souvent leur goûter de la maison, mais on s'aperçoit que les parents donnent aux enfants des produits similaires à ceux des distributeurs, parce que c'est beaucoup plus simple… et propre : chaque goûter est dans son emballage individuel. Là il faudra accentuer l'information auprès des parents. Chez les ados, on préfère le petit en-cas acheté au distributeur, et de nouveau, on va retomber sur le petit sachet de chips, sur la boisson hyper sucrée, etc.

Alors ? Je crois qu'une solution serait que les fabricants eux-mêmes remettent en cause leurs produits et en proposent d'autres, plus sains, et tout aussi pratiques que les premiers. Un exemple déjà. On peut trouver maintenant en petite bouteille des smoothies, c'est-à-dire des fruits mixés, conditionnés. La dernière personne interviewée ironise sur la pomme. Pourrions-nous envisager un distributeur de fruits frais ? Cela paraît difficile ; la gestion des distributeurs deviendrait trop difficile : il faudrait renouveler les stocks bien plus souvent… ce sont des denrées beaucoup trop périssables. Et puis, acheter une pomme dans un distributeur, c'est pas très invitant, d'autant qu'on imagine que les fruits ne seront pas bons.

Mais une idée que j'ai, c'est qu'au lieu de machine automatique, un marchand pourrait assurer le ravitaillement des écoles. On pourrait avoir des produits plus sains et frais. En vacances en Italie, j'ai vu qu'on vendait pour les touristes de grands verres avec des salades de fruits, et les gens achètent. Il y a un comportement général qui change et les jeunes peuvent y être sensibles si le produit est appétissant (une pomme toute seule dans une machine ne l'est pas !).

Je crois que si on s'y met, on trouvera de bonnes idées, et même les industriels s'adapteront. Ce qui compte pour eux, c'est le profit, et si les gens n'achètent plus ce qui n'est pas bon pour la santé, ils produiront autre chose.

P. – Je vous vois une vocation à entrer dans l'agro-alimentaire !

C. – Pas du tout ! Je voudrais être médecin et ces questions sont donc fondamentales.

P. – Et comment pensez-vous convaincre les jeunes ?

C. – Le discours publicitaire est fondamental. Tant que l'alimentation saine est associée à des écolos originaux, cela ne marchera pas. Mais si les messages changent, je crois qu'il n'est pas difficile d'influencer l'opinion publique si on le veut.

P. – Vraiment ?

C. – Oui, malheureusement ! Nous sommes assez conditionnés. Les pouvoirs publics doivent se donner les moyens de campagnes efficaces pour le bien public. Et pour cela savoir conquérir quelques idoles des jeunes qui seront en quelque sorte des porte-paroles, de la « bonne parole » !

P. – Vous croyez donc davantage dans le pouvoir de suggestion de la pub plutôt que dans celui de l'éducation ?

C. – Je crois aux deux. Mais le discours éducatif est souvent pris en charge par l'école, et le résultat est qu'il a des relents de « devoir ». Ce qui vient de l'école, quand on est ado, n'est pas forcément bienvenu. Mais il faut aussi le faire, car c'est à l'école qu'on comprend, qu'on raisonne, qu'on peut structurer par la raison le message publicitaire reçu par ailleurs.

P. – S'il y a une commission ministérielle sur la question, je vous fais nommer !

C. – Pourquoi pas ? Il faudrait aussi que les gens puissent plus souvent faire part de leurs idées. Mais c'est un autre problème !

P. – Je vous remercie. Au revoir

C. – Au revoir Madame. Ça s'est bien passé ?

P. – Oui, oui, ne vous inquiétez pas. Au revoir !

PASSEZ L'EXAMEN SUJET 2

COMPRÉHENSION DE L'ORAL   p. 125

1 1. c ; 2. b ; 3. c ; 4. a ; 5. b

2 1. c ; 2. longtemps ; 3. a. indiquer la gauche et la droite – b. par où ça passe – c. le squelette ; 4. français, anglais, espagnol ; 5. le squelette est grand à la taille de l'enfant ; 6. Interdit à l'école ; 7. c ; 8. sur les manches ; 9. France, Suisse, États-Unis ; 10. www.mesvetementseducatifs.com ; 11. faux car ils sont trop chers (43 euros le moins cher)

COMPRÉHENSION DES ÉCRITS   p. 127

1 1. a. Faux. Il foncerait délibérément sur le piéton (emploi du conditionnel qui implique que ce n'est pas certain.) – b. Faux. Le pigeon a d'ardents défenseurs et des détracteurs. – c. Faux. Paris comme Lyon préfère prôner le respect de la faune plutôt qu'un discours répressif ». « Nous ne souhaitons pas éradiquer les pigeons », assure-t-on à la mairie de Paris. ; 2. b ; 3. Les pigeons transportent des germes et des parasites et leurs fientes causent des dommages. ; **4.** Le non-respect de la biodiversité d'une part et la prolifération des rats qui serait la conséquence. ; **5. a.** Le pigeon construit son nid à des endroits qui causent des dommages aux hommes. Les relations entre le volatile et les humains sont donc de plus en plus mauvaises (envenimer → venin). – **b.** Les deux grandes villes ont choisi la stratégie de la cohabitation, pensant que ce sera un meilleur choix. L'expression figée, empruntée au jeu de cartes, souligne l'idée de choix pour gagner. – **c.** qui vit toute seule, n'a pas de compagnie – **d.** Les mairies font très attention pour ne pas choquer les amants des animaux. Elles sont prudentes.; **6. a.** en bonne santé – **b.** provoquer, susciter, faire naître

② **1.** Le titre annonce que les producteurs de vanille ont certainement des problèmes puisque des coopératives vont à leur rescousse, c'est-à-dire qu'elles sont susceptibles de les aider à trouver une solution. ; **2.** b, d ; **3.** 1er type : pour permettre aux paysans de mettre de l'argent de côté pour les périodes problématiques – 2e type : constituer des regroupements de producteurs plus forts pour la commercialisation – 3e type : aider à la production de riz, sécurité alimentaire dans les périodes creuses ; **4.** a ; **5.** b. La famille pollinise à la main. ; **6.** c

PRODUCTION ÉCRITE   p. 131

La production écrite ne peut faire l'objet d'un corrigé personnalisé. Les textes qui suivent sont des exemples possibles.
Bonjour à tous !

Je vois que les idées ne manquent pas. Excusez-moi si j'interviens tard dans le débat. J'ai eu une période d'examens terrible, et les vacances étaient le cadet de mes soucis. Bon, maintenant, c'est fini. Ouf ! Je prends donc le temps de vous faire part de mes idées.
C'est toujours d'accord pour la deuxième moitié du mois d'août, je ne me trompe pas ?
Toutes vos propositions sont sympas, mais personnellement j'éliminerais la thalasso, parce que je trouve qu'on n'a pas encore l'âge. On pourrait se faire la thalasso directement en mer en faisant de la voile. C'est tout aussi sain, et un peu plus mouvementé que la piscine à bulles. Mais j'éliminerais aussi la voile en Bretagne parce que j'en ai fait l'an dernier et j'ai envie de changer. Côté tourisme, je ne connais pas encore Venise ou Rome, mais je ne crois pas que l'été soit la meilleure période pour y aller : trop de touristes, et puis il fait trop chaud. En Grèce aussi, il fait chaud, mais avec la mer et le vent, c'est agréable, mais vu qu'on est déjà au mois de juillet, on ne trouvera jamais un petit hôtel. Tout sera complet. On pourrait camper, mais ça ne me dit rien. Le voyage au Sénégal, je trouve ça super, mais je crois que pour un voyage de la sorte, il faut le préparer à l'avance et, franchement, on n'a aucun recul. Improviser, ce serait perdre une grande partie de

.../...

.../...

l'intérêt de ce type de voyages. Par contre le voyage itinérant, « on the road » aux États-Unis est plutôt tentant. En plus avec le dollar bas et l'euro fort, c'est le moment où jamais pour aller aux États-Unis. Mon rêve, c'est d'aller de la côte est à la côte ouest, en passant par le nord, les grands lacs. On pourrait louer une voiture et puis on irait dans les motels. Ce n'est pas cher et c'est vraiment le cœur de l'Amérique, pas besoin de réserver. Alors j'ajoute ma voix à celle de Lisa qui a proposé cette idée. Qu'est-ce que vous en pensez ?
Réagissez vite. Le temps presse maintenant, surtout pour les billets d'avion à prendre.
Bises

Sarah

PRODUCTION ORALE   p. 132

La production orale ne peut faire l'objet d'un corrigé personnalisé. Les textes qui suivent sont des exemples possibles.

Sujet n° 1
CANDIDATE – Bonjour Monsieur.
PROFESSEUR – Asseyez-vous. Bonjour Mademoiselle. Mademoiselle Angeloni, Claudia.
C. – Oui, c'est cela. Je peux commencer ?
P. – Oui, quand vous voulez. Mais ne vous inquiétez pas ! Vous avez choisi quel article ?
C. – Celui sur Halloween, tiré du journal *La libre Belgique*.
P. – Et de quoi parle-t-il ?
C. – Il a été écrit au mois d'octobre 2007, peu avant la fête d'Halloween qui est le 31 octobre. Le journaliste manifestement déplore que la fête traditionnelle des morts, du 2 novembre, soit supplantée par Halloween, une fête d'importation américaine. Pour lui, la raison essentielle du succès est double. Certes il faut y voir l'importance de ce qu'il appelle « le tapage mercantile », c'est-à-dire que pendant le mois qui précède la fête, on voit des pubs, des promotions. Dans les magasins, tout est centré sur Halloween. Il pense que cette fête du point de vue commercial tombe à pic à un moment de creux. Il n'y avait rien avant Noël. Mais son argumentation réelle est plus profonde ; il pense que les gens rejettent le temps du souvenir – la fête des morts est consacrée au souvenir – par peur du silence et par refus de la réflexion que cela apporte. Les gens préfèrent le bruit de la fête. Je crois que cette réflexion s'inscrit dans une réflexion plus générale sur l'importance du divertissement dans notre société contemporaine. Les loisirs sont devenus partie intégrante de notre vie, et souvent le seul but réel de la vie. Il y a des mots fétiches comme « s'éclater », qui veut dire s'amuser, prendre du bon temps. D'ailleurs, tout dans la société occidentale – dont je fais partie – nous y pousse : les médias qui fournissent les modèles, les pubs. Alors de nouvelles fêtes comme Halloween fournissent seulement des prétextes supplémentaires. Tout veut

donner l'illusion que ce qui compte, c'est de s'éclater. J'ai étudié un texte du philosophe français Pascal cette année, qui s'appelle le *Divertissement*, tiré des *Pensées*, et, déjà au XVIIe siècle, il développait cette idée que le désir effréné de se divertir s'explique par l'angoisse devant la condition humaine, devant la mort. Et je crois que c'est de plus en plus vrai aujourd'hui. Avec le progrès nous avons pu éloigner les frontières de la mort, mais pas les supprimer, donc l'angoisse de fond existe toujours. Mais en plus, alors qu'autrefois, la mort était intégrée en quelque sorte à la vie sociale, aujourd'hui, la mort réelle est gommée, niée. Et c'est peut-être pour ça que le temps de réflexion de la fête des morts apparaît « démodé ». Les gens ne veulent pas y penser, à la mort. Pourtant, ils la voient tous les jours à la télé, réelle dans les innombrables crimes ou guerres, virtuelles dans les films, mais tout ça ne touche pas directement les émotions. À partir du moment où il y a la médiation de l'écran, la mort (n')a plus le même poids. Alors la société contemporaine se lance dans des divertissements de toutes sortes, il faut toujours du nouveau, non seulement d'un point de vue psychologique, mais aussi d'un point de vue bassement mercantile. Car devant ce besoin des gens, le commerce s'engouffre. Voilà ! cette réflexion du journaliste belge s'inscrit dans une problématique plus générale encore de la société de consommation et de ses valeurs.

P. – Oui, je crois que vous avez raison. Mais vous personnellement, comment vous situez-vous ?

C. – Moi, c'est un cas un peu particulier. Je suis asthmatique et très sensible aux poussières, à la fumée, et en plus j'ai l'impression d'étouffer au milieu de la foule. Si bien que je n'ai jamais recherché les divertissements comme les autres, soirées en boîte, ou dans un bar, je peux pas.

P. – Pas de soirée Halloween pour vous alors ?

C. – Non. D'ailleurs je pense que ça ne va pas durer cette mode. Elle n'est pas assez ancrée du point de vue culturel. Il n'y a que les enfants qui peut-être s'amuseront à se déguiser. Mais alors, le plaisir est dans le déguisement, et c'est quelque chose qui a toujours beaucoup amusé les enfants, indépendamment de Halloween.

P. – Mais comment vous divertissez-vous alors ?

C. – J'ai des amis, beaucoup d'amis même, mais on trouve d'autres moyens pour être ensemble. On fait des trucs ensemble : ça va du repas chez l'un d'entre nous, à une soirée film ou… je sais pas moi… une journée en bateau. Il y en a des trucs à faire… et on s'amuse bien.

P. – Vous considérez ces loisirs comme des divertissements qui empêchent de réfléchir, comme le dit le journaliste ?

C. – Je ne pense pas que le divertissement soit mauvais en soi. Quand les gens n'avaient que le travail et que les fêtes étaient très limitées, la vie était dure. Je crois que vivre aujourd'hui est plus agréable. Et puis, il y a des activités de loisirs qui enrichissent beaucoup le corps et l'esprit – ça va souvent ensemble !

P. – Le commerce aussi s'est engouffré dans ce créneau. Pensez à tous les magasins nature, bien-être, etc.

C. – Oui, parce que ça correspond aussi à un besoin des gens qui en ont marre justement du tapage de la « fête », qui recherchent l'authenticité, la simplicité, qui cherchent le bonheur à l'intérieur d'eux-mêmes ou dans un environnement calme. Le commerce saisit cette opportunité, mais ce n'est pas comparable avec ce que le journaliste évoque : les fêtes commandées qui font l'objet de campagnes promotionnelles dans les supermarchés. Il y a moins de « tapage mercantile » pour reprendre les mots du journaliste.

P. – Le journaliste semble critiquer le fait de « vivre ostensiblement l'instant » au détriment du souvenir. Qu'en pensez-vous ?

C. – Ce qu'il rejette, je crois, c'est le « ostensiblement ». Vivre intensément l'instant ne veut pas dire qu'on se coupe du souvenir. Les deux choses peuvent aller parfaitement de pair. Mais le ostensiblement implique que la solution choisie – la fête perpétuelle sans frein – est excessive. Mais moi, personnellement, je veux rester fidèle au « carpe diem ».

P. – Eh bien moi je vous remercie de ces instants passés en conversation avec vous. Au revoir mademoiselle.

C. – Au revoir Monsieur et merci.

Sujet n° 2
CANDIDAT – Bonjour madame.
PROFESSEUR – Bonjour. Installez-vous. Votre nom ?
C. – John Coonan.
P. – De quoi allez-vous nous parler ?
C. – J'ai choisi le sujet sur la violence scolaire. J'habite dans un quartier périphérique de Londres, et c'est un thème qui me touche.
P. – Eh bien je vous écoute.
C. – Ce début d'article, tiré du journal *Libération* du 23 décembre 2006, introduit le problème de la violence dans les établissements scolaires. Il part de l'exemple d'un élève mort dans un collège, qui a suscité l'émoi parce qu'on croyait que le jeune avait été tué. En réalité, il était mort de mort naturelle. Mais le fait de penser tout de suite à un meurtre au sein d'un collège indique que tout le monde a pris en compte l'existence de la violence à l'intérieur des murs. L'article cite le commentaire d'une anglaise sans doute, d'après le nom, Elisabeth Johnston, qui travaille au niveau européen. Et elle dit bien que la violence extérieure a franchi les portes des établissements, ce qui peut autoriser l'intervention de la police. Je crois que ce thème est vraiment d'actualité, et je voudrais donc prolonger la réflexion amorcée par les deux journalistes.

Tout d'abord, je crois qu'il est exact que, dans tous les pays européens, la situation s'est dégradée et des choses dont on entendait parler dans les faubourgs des États-Unis sont arrivées chez nous. Ça se manifeste d'abord par des agressions verbales continuelles, puis par la violence contre les objets – pneus des voitures crevés, voitures incendiées, etc. et enfin la violence physique : menace d'armes blanches pour racketter les jeunes, trafic de drogue… Récemment à Londres, il y a eu une vingtaine de crimes au couteau. Sans parler des deux jeunes étudiants français qui ont été tués. Toute cette violence est entrée dans les établissements scolaires. Les causes, je crois, sont sociales. Toutes les familles à problèmes, familles blanches pauvres, et surtout familles issues de l'immigration sont concentrées dans des quartiers périphériques. Et le mélange est détonnant. On associe souvent immigration à délinquance, mais c'est misère et délinquance qu'il faudrait associer, misère économique, misère morale, misère culturelle. Le problème de base, c'est les difficultés qui font que l'argent facile lié à la délinquance a tant de pouvoir de séduction. Les bandes constituent souvent un élément de structuration psychologique pour des jeunes livrés à eux-mêmes. Toutes les valeurs sont alors inversées : le respect fonctionne seulement à l'intérieur du clan (le respect-dévotion du chef), pas envers l'extérieur. Il y a une espèce de logique de guerre. L'autre, c'est l'ennemi. Donc aucune valeur morale – normale je dirais – ne fonctionne plus. On est dans une autre logique. Des exemples, il y en a sans arrêt dans mon quartier, où le problème des communautarismes se rajoute par-dessus. C'est pas drôle.

Quelles solutions ? Dans l'article, on parle de la police. Bon, dans les cas extrêmes, c'est sûr, ils doivent être présents, même dans les murs des écoles. Mais surtout, ils doivent être présents en dehors. Je pense à New York et à son maire, Giuliani je crois ?, qui a réussi à changer l'atmosphère de la ville parce qu'il a réformé la police. D'abord il a payé plus les policiers. Puis les policiers ont reçu des formations spéciales. Ils ont été envoyés sur le terrain, au lieu de rester dans les bureaux. En fait, la police a joué à la fois un rôle répressif mais aussi social. Et les résultats se sont vus. Dans les établissements de quartiers difficiles, il ne faut pas envoyer non plus les tout jeunes profs, car personne d'autres ne veut y aller. Là aussi, il faudrait former des profs volontaires, les payer davantage et instaurer d'autres pédagogies. Je suis sûr que ça marcherait. Il y a deux films qui montrent que ça peut marcher : votre film français, *Les Choristes*. Même si ce n'est pas un problème de banlieue, on voit un prof qui récupère des gamins en difficulté par le chant. Même chose dans le film américain, *Sister Act*. Bon la musique, pour un film, c'est porteur, mais je suis sûr qu'il y a des tas d'autres moyens. Il faut seulement réfléchir, et je crois beaucoup à l'éducation.

P. – Je vois que vous êtes plein d'idées. Vous travaillez dans ce secteur ?

C. – Pas encore, mais je suis en formation pour être éducateur de rue. Oui. J'ai trop vu mon quartier changer et je ne voulais pas rester les bras croisés.

P. – Pensez-vous que l'intégration de communautés très différentes soit possible ?

C. – C'est pas facile, mais oui, je pense qu'on peut réussir non seulement à faire cohabiter les gens (chacun pour soi l'un à côté de l'autre pacifiquement – ce qui n'est qu'un préalable), mais à les faire vraiment vivre ensemble avec leurs différences.

P. – Vous pensez au melting-pot américain ?

C. – Oui c'est un exemple, même si le sentiment communautaire est important puisqu'on parle de « vote noir », de « vote hispano » pour les présidentielles... donc de comportements similaires à l'intérieur de groupes ethniques. Mais dès qu'un certain bien-être est atteint, les différences ne sont plus perçues de façon hostile, mais entrent dans le champ de la différence individuelle. Mon voisin grec mange comme il veut, a ses propres fêtes, et mon voisin chinois aussi. Chacun est libre.

P. – Vous pensez qu'en Europe aussi c'est possible ?

C. – Oui bien sûr ! Je voudrais travailler pour ça !

P. – Eh bien je vous souhaite bonne chance pour cet immense travail ! Merci de votre intervention.

C. – Merci madame. Au revoir.

Achevé d'imprimer en Octobre 2021 en France par Dupli-Print à Domont (95)
Dépôt légal : octobre 2008 - Édition 13
N° d'impression : 2021091086
15/5603/4